农产品直播

主　编　陈惠香

副主编　陈彦珊　林海塘　梁丽华　谭丽琼

参　编　刘海明　吴　臻　袁超凡　谭燕伟

机械工业出版社

本书是针对农产品品类进行各种直播推广的工学一体化教材。本书共包含 6 个学习任务，12 个微任务，各学习任务之间具有层次递进的关系，循序渐进地提升学习难度。主要内容涵盖农产品直播的产品知识、直播渠道、直播推广方法等多个方面，旨在使学生全面了解农产品直播。

本书学习任务中引入了真实的工作任务，既包括理论知识的讲解，也包括实践任务的引导。此外，本书还结合了当前农产品的社会热点和实际案例，学习任务紧紧围绕地方农产品经济实际。学生在完成任务的过程中，除了会提升通用职业能力、职业素养外，更能培养对家乡的热爱之情，以浓厚的情怀投身家乡的建设和乡村振兴的事业中。

本书可作为职业院校开展直播课程的配套教材，也可供准备进行农产品直播创业或直播推广的读者阅读。本书还配有工作页、教案、视频及课件等资源，方便教学的实施，也能使学生全面了解农产品的直播推广流程和方法，具有较高的实用价值。凡使用本书作为教材的教师可登录机械工业出版社教育服务网 www.cmpedu.com 注册后下载。咨询电话：010-88379534，微信号：jjj88379534，公众号：CMP-DGJN。

图书在版编目（CIP）数据

农产品直播 / 陈惠香主编. -- 北京：机械工业出
版社，2025.7. -- ISBN 978-7-111-78574-3

I. F724.72

中国国家版本馆CIP数据核字第2025M9A185号

机械工业出版社（北京市百万庄大街22号　邮政编码100037）
策划编辑：张雁茹　　　　　　　　　责任编辑：张雁茹
责任校对：孙明慧　杨　霞　景飞　　封面设计：张　静
责任印制：单爱军
保定市中画美凯印刷有限公司印刷
2025年8月第1版第1次印刷
184mm×260mm·10印张·225千字
标准书号：ISBN 978-7-111-78574-3
定价：49.80 元

电话服务　　　　　　　　　　　　　网络服务

客服电话：010-88361066　　　机　工　官　网：www.cmpbook.com
　　　　　010-88379833　　　机　工　官　博：weibo.com/cmp1952
　　　　　010-68326294　　　金　书　网：www.golden-book.com
封底无防伪标均为盗版　　　机工教育服务网：www.cmpedu.com

本书全面落实党的二十大报告关于"实施科教兴国战略,强化现代化建设人才支撑"重要论述,明确把培养大国工匠和高技能人才作为重要目标,大力弘扬劳模精神、劳动精神、工匠精神。深入产教融合,校企合作,为全面建设技能型社会提供有力人才保障。

在当今快速发展的数字经济时代,农产品直播作为一种新兴的营销方式,正逐步成为推动农业产业升级、促进农民增收的重要力量。为了培养适应市场需求、具备扎实专业技能和良好职业素养的农产品直播人才,特编写了这本以工学一体化技能人才培养模式为基础的教材。

本书紧密围绕学生的职业成长规律和认知规律,对农产品直播领域的代表性工作任务进行了深入的教学化处理,精心设计了6个参考性学习任务,这些任务不仅涵盖了农产品直播的各个环节,还充分考虑了教学资源条件、教师教学经验和学生实际学情,旨在通过系统化的学习和实践,帮助学生全面掌握农产品直播的核心技能。

在教学设计上,本书充分体现了工学一体化的理念,采用"三阶段,六步骤"的教学模式。课前阶段,学生通过预习和资料收集,为学习任务做好准备;课中阶段,学生通过获取信息、制订计划、做出决策、实施计划、过程控制等步骤,深入参与学习任务的实施过程;课后阶段,学生通过评价反馈,对学习效果进行总结和提升。这种教学模式不仅有助于提高学生的实践能力和解决问题的能力,还能培养团队合作精神和职业素养。

为了增强教材的实用性和针对性,本书引入了以市场需要为导向的真实工作任务,并创建了相应的工作情境。学生将按照运营专员、推广专员、主播、美工专员、场控等岗位开展工作任务,通过教材的引导,逐步掌握农产品直播的全流程技能。

本书的编写团队由多位具有丰富教学和实践经验的专家和教师组成。编者不仅深入研究了农产品直播领域的最新动态和趋势,还结合自身的教学经验和学生学情,精心编写了各个学习任务的内容。此外,还制作了配套的微课视频等教学资源,以便学生更好地理解和掌握相关知识。

本书由陈惠香主编,确定教材整体框架,进行学习任务实践分析,编写了学习任务1;

梁丽华编写了学习任务 2；谭丽琼编写了学习任务 3 和学习任务 4；陈彦珊编写了学习任务 5 和学习任务 6；林海塘制作了教材配套的完整微课视频；刘海明、吴臻、袁超凡和谭燕伟整理并制作了配套的教学资源。

由于书的容量和编者水平的限制，本书难免存在不足之处。衷心希望各位专家、同行和读者能够提出宝贵的意见和建议，以便不断完善和改进教材。编者邮箱：peoplezhao@126.com；欢迎各位读者联系我们获取更多教学资源和支持。

最后，感谢所有参与本书编写和审校工作的同仁们的辛勤付出和无私奉献。相信在大家的共同努力下，本书一定能够为培养更多优秀的农产品直播人才贡献一份力量。

编　者

目 录　CONTENTS

学习任务 1　农产品单品直播

代表性工作任务名称	农产品单品直播	工作时间	20 课时

代表性工作任务描述

目前本地区农产品传统的销售方式有两种：要么是农民自己拉到附近的市场去卖，要么是客商来收购。但是近年来销售路径并不畅通，销售受到的阻碍较大。新会农村电商产业园接到任务，对接司前镇和睦洲镇进行当地特色农产品单品推广。

直播创业团队从运营总监处领取任务后，以团队为单位，到司前镇和睦洲镇进行实地调查，挖掘当地特色农产品，根据直播的目标和要求，分析农产品用户画像和农场的实际情况，明确直播的渠道与内容，制订直播计划并撰写直播活动策划书；向运营总监汇报方案情况，做出策划方案的决策；完成直播脚本编写、资源准备、场景布置和直播预告等，做好直播活动实施及管控；直播活动结束后，及时跟进售后问题及进行直播活动复盘，撰写分析报告上报运营总监。

质量要求：直播过程需要遵循《中华人民共和国电子商务法》《中华人民共和国广告法》《中华人民共和国产品质量法》《互联网营销师》国家职业技能标准、《互联网直播服务管理规定》、平台活动规则及产业园的管理制度等。

工作内容分析

工作对象：

1. 阅读分析任务单，到司前镇和睦洲镇进行实地调查，与运营总监等相关人员进行沟通，对农产品用户画像、农场实际情况、当地特色农产品进行分析，确认工作要求

2. 确认直播目的、渠道和内容，制订直播计划，撰写直播活动策划书

3. 对直播活动策划书进行审核确认

4. 掌握微信小程序直播流程与操作方法，编写农产品直播话术与脚本，准备资源，布置场景，直播预告，农产品直播实施，现场管理

工具、设备、材料与资料：

1. 工具：办公软件、XMind、农村电商产业园微信商城——粤识货、图片处理软件、135 编辑器、长风网 APP、微信 APP

2. 设备：计算机、手机、网络设备、打印机、直播设备

3. 材料：番石榴、丝苗米、打印纸、卡纸、素材库

工作方法：

1. 思维导图法：提取关键词，发散思维

2. SWOT 分析法：分析产品、客户、直播创业团队

3. 用户画像分析法：精准营销，数据分析

4. 信息检索法：收集农产品信息、案例、直播活动策划书内容、脚本和话术内容、微信商城直播指标和数据、报告案例

5. 二维码测试法：测试部分方案内容，检验可行性，测试直播话术和脚本内容

6. 软文推送法：制作软文并发布

7. 数据分析法：分析直播数据，形成报告

8. 归纳总结法：汇报展示作品

工作需求：

1. 能根据任务要求，合理分工，团队合作完成信息收集

2. 能获取客户企业的经营信息

3. 能分析农产品的信息

4. 能获取与分析农产品用户的信息特征

5. 能明确直播目的和要求，确定直播主题

6. 能根据任务要求，合理分工，团队合作制订直播计划

7. 能借助教材，在满足任务单要求和《互联网营销师》国家职业技能标准的前提下，撰写直播活动策划书，明确直播流程、工作时间进度、技术手段

（续）

代表性工作任务名称	农产品单品直播	工作时间	20 课时

工作内容分析

5. 分析及复盘直播效果，撰写分析报告，向运营总监汇报直播实施情况 6. 数据保存、文件规范存档，向运营总监上报分析报告	**劳动组织方式：** 以团队合作方式进行。由运营专员从运营总监处领取任务单，与运营总监、客户沟通，明确任务要求，与直播创业团队里其他人员合作分析任务 运营专员与美工专员、主播、推广专员、场控专员合作制订直播计划，撰写直播活动策划书。主播编写直播脚本，推广专员进行直播前的预热，美工专员进行直播间设置、产品上架，场控专员做好直播间搭建、资源准备，运营专员协调配合。以团队合作形式完成直播实施和现场管理 直播实施后，直播创业团队协作进行数据收集和分析，分工撰写分析报告。最后由推广专员向客户企业及企业专家进行直播情况汇报，企业专家进行点评。任务完成后将直播计划、直播活动策划书、分析报告文件交付运营总监验收	8. 能依据直播目标及要求，对直播效果进行分析及复盘 9. 能按规范格式撰写分析报告 10. 项目资料内容完整（直播计划、直播活动策划书、脚本、预告、分析报告等） 11. 格式规范，分类整理 12. 符合企业要求，遵守保密制度

职业能力要求

学生应能完成农产品单品直播活动策划和农产品直播活动中需执行的工作任务，在工作过程中注重自我学习和提升，具备独立分析与解决常见问题的能力，具有成本意识、创新思维、商业敏感性，具备时间管理、现场管理、沟通交流、团队合作等职业素养，具备爱国爱乡的情怀，具备服务乡村振兴、发展农产品电商的志向和热情。具体包括以下几方面：

1. 能根据任务单要求，与客户、运营总监等相关人员进行专业沟通，明确工作内容和要求，并提出创新性建议

2. 能查阅相关资料，结合项目功能性、经济性、环保性等指标要求，分析和选择最优的直播方案，梳理直播思路、技术手段、工作时间进度等内容，制订具有可行性的策划方案

3. 能向运营总监汇报直播活动策划方案内容，根据反馈意见完善、确定最终方案

4. 能按照农产品直播活动策划方案，根据《互联网营销师》国家职业技能标准，团队协作完成农产品直播选品、脚本编写、资源准备、场景布置、直播预告、农产品直播活动的实施、现场管理、复盘等工作

5. 能对农产品直播推广效果进行分析，撰写分析报告，将直播销售数据、评价结果等文档按要求及时保存

6. 能对比往期农产品直播推广效果，总结经验，分析不足，提出改进措施

初级农产品单品直播——睦洲镇番石榴产品直播

📋 **情境引入**

睦洲镇隶属广东省江门市新会区，地处新会区东部，东与大鳌镇隔西江相望，南与珠海市斗门区接壤，西与古井镇、三江镇相邻，北与江海区礼乐街道相接。辖区总面积为79.8km²。

睦洲镇的农业生产以种植水稻、水果为主，截至2022年年末，睦洲镇水稻种植面积为1.3万亩⊖，产量为1.2万t；水果种植面积为1445亩，产量为6994t。渔业以水产养殖为主，睦洲镇南美白对虾等水产养殖面积为2万亩，产量为2万t。睦洲镇畜牧业以饲养生猪为主。

睦洲镇被西江水环抱，境内河网纵横交错，水乡风情独特，有着极具特色的疍家文化。其中，南安村有着经典的沙田水乡特色，有水果种植基地等具有代表性的特色文化地标。石板沙村至今延续着疍家人传统的生活方式，保留着独特的乡土风情。可从疍家墙画、疍家文化街、疍家村史馆、疍家体验馆等进一步领略疍家文化的风采和魅力。

石板沙村

"西江水乡风光"是睦洲镇出众的资源禀赋。而睦洲不仅有石板沙村，还有"沙田水乡"南安村、引领科技文化的东向村、侨情厚爱的睦洲村和产业发展迅猛的南镇村，每个村都有不同的资源和人文特色。

⊖ 1亩≈666.67m²。

职业素养

网络直播岗位人员的职业素养

在当前网络直播中，不时出现的一些触碰法律红线的违法行为导致直播行业饱受批评，引发了消费者的信任危机。例如，某直播间的女主播"雷人"语录层出不穷，传播虚假信息。后续这名女主播及其直播团队因涉嫌虚假宣传，被当地市场监管部门下发了处罚决定书，责令其停止发布违法广告、消除影响，并罚款4万元。此外，由于个别直播平台在内容审核机制、监督管理上存在问题，导致商品性能被夸大、价格不实、商品质量难以保障、售后服务不到位等问题也不时出现。从根本上说，这需要直播团队、直播平台、产品供应商等相关主体共同承担职责，提升职业素养，做到直播带货有据可依、有规可循。

网络直播岗位人员应该具备以下几方面的职业素养：

1. 专业技能素养

1）熟练掌握直播设备的使用方法，包括摄像机、麦克风、灯光设备等。

2）具备良好的语言表达能力和反应能力。

3）精通网络直播技术，包括直播软件操作、视频编辑、直播内容策划等。

2. 内容创作素养

1）具备一定的创意策划能力，能够根据目标受众和直播主题设计内容。

2）理解并掌握社会主义核心价值观，确保直播内容健康、积极、向上。

3. 沟通互动素养

1）具备良好的沟通能力，能够与观众建立良好的互动关系。

2）熟练处理直播过程中的突发情况，如弹幕、评论管理等。

3）能够引导话题方向，控制直播氛围，提升观众参与度。

4. 职业形象素养

1）注重个人形象，包括着装、妆容、语言、举止等，以专业的形象面对观众。

2）维护个人品牌，树立良好的公众形象。

5. 心理素质素养

1）具备较强的心理承受能力，能够应对直播过程中的压力和挑战。

2）保持积极乐观的心态，面对负面评论时能够冷静处理。

6. 法律法规素养

1）了解并遵守国家相关法律法规，如《中华人民共和国电子商务法》《中华人民共和国广告法》等。

2）知悉行业规范和标准，确保直播活动合法合规。

7．团队协作素养

1）能够与团队成员有效沟通，共同完成直播活动。

2）在团队中发挥自己的专长，协同完成直播内容的创作和执行。

8．持续学习素养

1）不断学习新知识、新技能，适应直播行业的发展变化。

2）积极参加相关培训，提升自己的专业能力和职业素养。

只有参与网络直播的各主体共同维护良好的网络经营环境，最大程度保障消费者的合法权益，才能实现行业的健康、持续发展。

知识与技能

一、直播团队的组织架构

随着新媒体技术的飞速发展，直播行业蓬勃兴起。在直播生态领域即将饱和的状态下，直播如果仅靠单枪匹马、单打独斗已经很难突出重围，组建直播团队尤为重要。

无论是进行直播的个人、商家或 MCN 机构（MCN 即多频道网络，是与内容创作者合作或直接制作内容的实体或组织，在发布内容的平台上执行业务和营销功能），都正在推动直播行业向专业化、规范化的方向发展。

二、直播团队的组建

无论是个人还是商家，要想真正做好直播带货，组建直播团队是非常必要的。根据直播工作岗位设置、工作内容、工作流程等要素，个人或商家可以组建不同层级的直播团队。

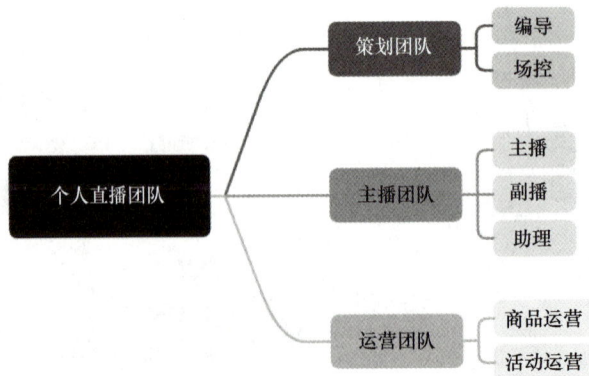

个人直播团队岗位

商家直播团队
- 主播
  - 商家主播团队
    - 主播
    - 助理
    - 场控
    - 执行策划
    - 副播
  - 合作主播
    - 个人主播
    - 机构主播
- 直播主管
- 运营
  - 店铺运营
  - 内容运营
  - 数据运营
- 直播客服

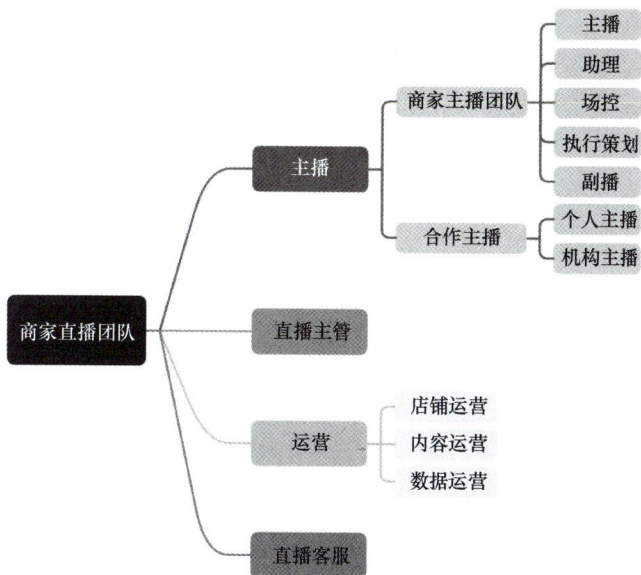

商家直播团队岗位

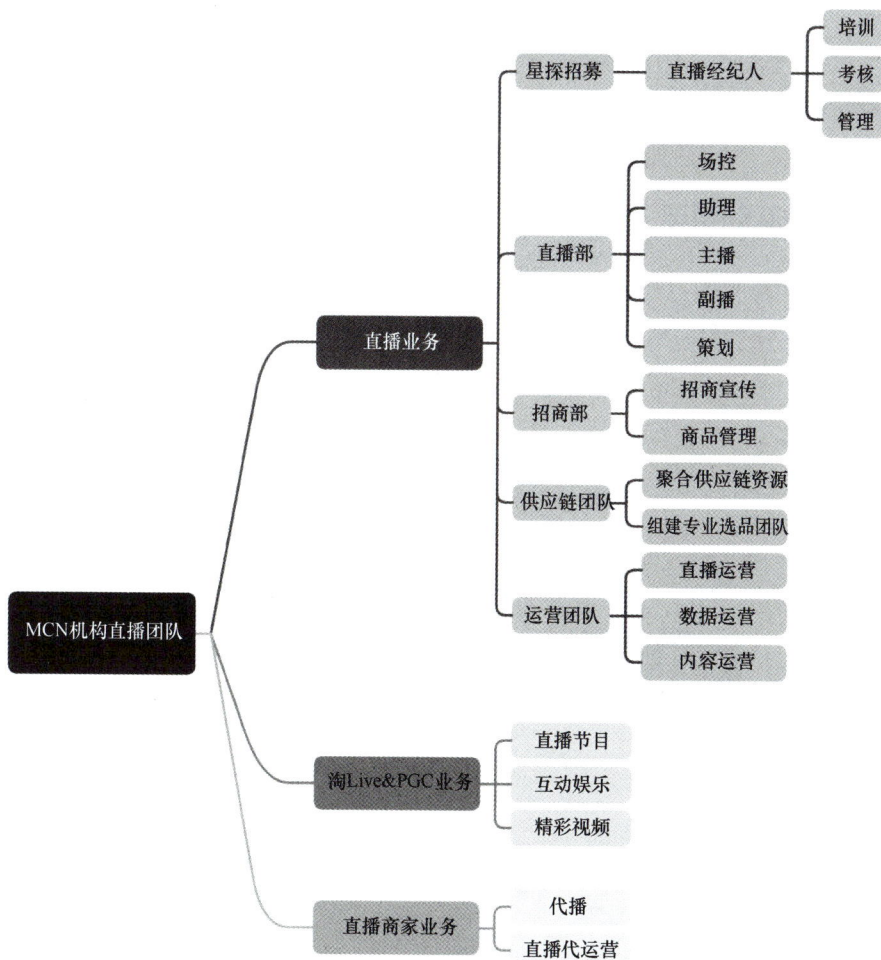

MCN机构直播团队
- 直播业务
  - 星探招募
    - 直播经纪人
      - 培训
      - 考核
      - 管理
  - 直播部
    - 场控
    - 助理
    - 主播
    - 副播
    - 策划
  - 招商部
    - 招商宣传
    - 商品管理
  - 供应链团队
    - 聚合供应链资源
    - 组建专业选品团队
  - 运营团队
    - 直播运营
    - 数据运营
    - 内容运营
- 淘Live&PGC业务
  - 直播节目
  - 互动娱乐
  - 精彩视频
- 直播商家业务
  - 代播
  - 直播代运营

MCN 机构直播团队岗位

低配版直播团队人员职能分工

岗位（人数）	职能
运营（1人）	1. 分解营销任务，了解货品组成，规划品类、结构、陈列，做好直播间数据运营 2. 策划商品权益活动、直播间权重活动、粉丝分层活动、排位赛制活动，流量资源策划，封面场景策划 3. 编写商品脚本、活动脚本、关注话术脚本、控评话术脚本 4. 下单角标设计，妆容、服饰、道具管理 5. 直播设备调试，直播软件调试，保障直播视觉效果 6. 发券、配合主播表演 7. 后台回复，数据即时登记反馈
主播（1人）	1. 熟悉商品脚本、活动脚本 2. 注意话术运用，控制直播节奏 3. 做好复盘，总结话术、情绪、表情、声音等

标配版直播团队人员职能分工

岗位（人数）	职能
运营（1人）	分解营销任务，了解货品组成，规划品类、结构、陈列，直播间数据运营
策划（1人）	1. 策划商品权益活动、直播间权重活动、粉丝分层活动、排位赛制活动，流量资源策划，封面场景策划 2. 编写商品脚本、活动脚本、关注话术脚本、控评话术脚本 3. 下单角标设计，妆容、服饰、道具管理
场控（1人）	1. 直播设备调试，直播软件调试，保障直播视觉效果 2. 发券、配合主播表演 3. 后台回复，数据即时登记反馈
主播（1人）	1. 熟悉商品脚本、活动脚本 2. 注意话术运用，控制直播节奏 3. 做好复盘，总结话术、情绪、表情、声音等

高配版直播团队人员职能分工

岗位（人数）		职能
主播团队（3人）	主播（1人）	1. 开播前熟悉直播流程、商品信息及直播脚本内容 2. 介绍、展示商品，与用户互动，活跃直播间气氛，介绍直播间福利 3. 直播结束后进行复盘，总结话术、情绪、表情、声音等
	副播（1人）	协助主播介绍商品，介绍直播间福利，主播有事时担任临时主播
	助理（1人）	1. 准备直播商品、使用道具等 2. 协助配合主播工作，做主播的模特、互动对象，完成画外音互动等
策划（1人）		确定直播主题，准备直播商品，做好直播前的预热宣传，规划好开播时间段，做好直播间外部导流和内部用户留存等

（续）

岗位（人数）	职能
编导（1人）	编写商品脚本、活动脚本、关注话术脚本、控评话术脚本，做好封面场景策划，下单角标设计，妆容、服饰、道具管理等
场控（1人）	1. 做好直播设备（如摄像头、灯光等相关软硬件）的调试 2. 负责直播中控台的后台操作，包括直播推送、商品上架，监测直播实时数据等 3. 接收并传达指令，例如，若直播运营有需要传达的信息，场控在接到信息后要传达给主播和副播，由他们告诉用户

三、直播策划方案的要素

直播策划对于直播实施效果有着十分重要的作用。直播策划方案的要素主要包括如下方面：

1）直播平台的选取，什么平台适合卖什么产品。

2）直播的目的是为了吸粉引流，还是进行更好地销售？

3）直播的流程是怎样的？

4）直播推广的位置和方式。

5）直播节奏，直播期间进行时间设定，例如，发放优惠券的时间间隔。

6）直播预算，活动打算卖出多少产品？

7）人员安排，谁负责直播，谁负责辅助？

8）直播场地，根据不同产品选择不同的直播场地。

9）直播设备，根据直播场地和产品选择合适的直播设备。

10）直播复盘，结合以上9点内容进行总结，复盘有什么需要改进或优化的地方。

扫码看视频

四、直播策划方案案例

×× 网店直播方案

一、直播目的

1）通过主播直接引流消费者，推广店铺（主播可以在线查找，也可以是店主自己）。

2）重点推荐店铺口碑较好的几款产品，渲染店铺品牌，介绍产品的优点。

3）直播中，要求主播穿插讲述产品的特殊卖点、高性价比、高质量及优良的售后服务等。

二、直播方式

1）直播形式：专场直播。

2）直播场次：视商家需求安排。

3）直播时间：商家安排。

三、直播实施方案

1. 预热

1）做好直播预热工作，处理好直播标题和图片。开场秀可以借助热点或才艺，快速吸引用户观看。如果是专业主播也可以由主播自行决定如何引流。

2）主播要熟悉直播商品的材质、款式等信息，能熟练口播。

3）设计好互动环节，如游戏互动、点赞发红包（送产品）等，等待人气上涨。

2. 直播

1）按产品链接介绍产品特性，全方位展示产品的外观，详细介绍产品的特点。核心目标在于吸引更多用户进店咨询，在此过程中，商家客服的响应速度与服务质量必须同步跟进。

2）试用（穿）产品，展示具体的产品细节，介绍产品的材质、大小、手感等，并在介绍过程中融入产品卖点和特点。

3）介绍产品的保养、清洁知识。

4）与粉丝积极互动，解答疑问，同时注意发放福利。

注意全程口播内容和福利安排，并根据直播时长合理设置。

3. 收尾

1）在时间允许的情况下，将最热播的产品再推一次。此时的观看人数已经很高了，需要主播进行最后的产品推广和导流。

2）持续互动，抽取压轴大奖。

3）持续吸粉，点赞达到一定数量，进行才艺表演。

四、人员分工

1. 成熟主播

自带团队，只需在直播前进行充分、有效的沟通即可。

2. 店主自播

团队成员1：准备道具，布置场地及现场客服。

团队成员2：梳理产品特点，准备口播要点及现场客服。

团队成员3：准备直播封面（包括直播主题、直播时间、直播产品名、主播），测试直播账号及现场准备。

团队成员4：场控及现场准备。

五、时间节点

1. 成熟主播：2h

点赞数达到30000（点赞数需要根据主播的粉丝量来给定）时，发放第一波福利。

点赞数达到60000（点赞数需要根据主播的粉丝量来给定）时，发放第二波福利。

以此类推，也可由主播自行决定节奏。

2. 店主自播：1~2h

开播时间达到 0.5h、关注数量达到 100 或点赞数达到 30000（点赞数需要根据主播的粉丝量来设置），发放第一波福利（第一轮红包）。

开播时间达到 1h、关注数量达到 300 或点赞数达到 60000（点赞数需要根据主播的粉丝量来设置），发放第二波福利（第二轮红包应多于上轮）。

开播时间达到 1.5h、关注数量达到 500 或点赞数达到 100000（点赞数需要根据主播的粉丝量来设置），发放第三波福利（两件免费产品送给两个粉丝）。

开播时间满量、关注数量达到 800 或点赞数达到 150000（点赞数需要根据主播的粉丝量来设置），发放最终福利（红包＋免费产品＋才艺表演）。

六、经费预算

1. 成熟主播

1）免费邮寄样品（以便试用或试穿）。

2）直播销售金额的 20%。

2. 店主自播

1）按需添置设备（如直播落地架、麦克风、柔光美颜灯、专业声卡等），费用为 300 元。

2）红包 200 元。两轮免费产品共四件（店主自选）。

3）团队人员工资 400 元。

五、农产品的特征

1. 地域性

农作物对土地依赖程度较高，各地的气候条件、土壤条件、光照条件、温度等会对农作物的生长产生决定性影响。各地技术条件与政策导向也是影响农业生产的一个重要因素。全球农业生产表现出明显的地域性特征。

2. 季节性

农作物是典型的"季节性生产，全年消费"的产品种类。在农作物种植年度中，农产品同时收获，集中上市，表现出明显的季节性特征。

3. 波动性

农产品的价格会受种植面积、气候、产量、库存等条件，以及农业产业政策、补贴政策、国家收储政策等影响，且农业生产有丰产、歉产之分，淡季、旺季之别。因此，农产品生产和供给呈现出很大的波动性。

4. 稳定性

农产品的需求弹性小，偏刚需，尤其是粮食类与油脂类，不论价格怎样变动，其消费需求基本是稳定的。

5. 差异性

受生活习惯的影响，同一区域内消费者的消费需求趋同，不同区域消费者的消费需求则表现出一定的差异。因此，农产品的需求表现出一定的差异性。

6. 替代性

农产品作为人们的食物和生活需求，具有明显的相关性与可替代性。例如，玉米和大豆、小麦和稻谷，在种植面积上会表现出一定的竞争关系。在价格的驱动下，人们愿意选择种植预期价格高的农作物，而减少另一类农作物的种植面积。

六、农产品直播策划的注意事项

农产品直播策划的注意事项如下：

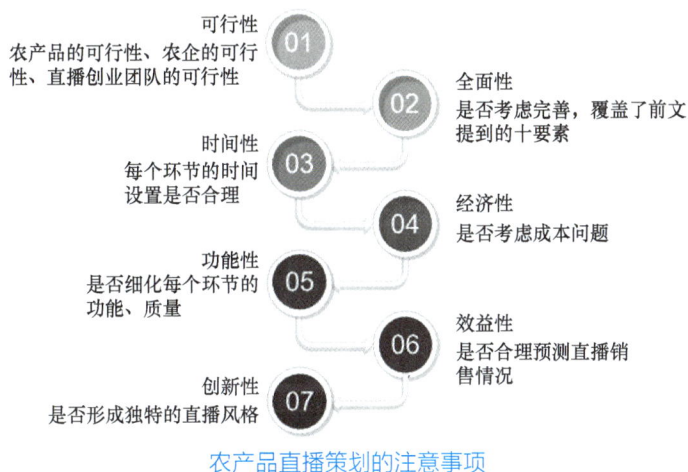

01 可行性
农产品的可行性、农企的可行性、直播创业团队的可行性

02 全面性
是否考虑完善，覆盖了前文提到的十要素

03 时间性
每个环节的时间设置是否合理

04 经济性
是否考虑成本问题

05 功能性
是否细化每个环节的功能、质量

06 效益性
是否合理预测直播销售情况

07 创新性
是否形成独特的直播风格

农产品直播策划的注意事项

七、直播复盘的工作内容

一场直播的成功一定是多方协调努力的成果，主播、场控、助理、运营、选品、客服等环环相扣，共同保证直播顺畅进行。因此，在进行直播复盘时，每个角色都应该参与复盘，除了复盘分内工作的成效，也需要思考配合的问题。

直播团队复盘重点

角色	复盘重点
主播	直播中脚本话术问题，产品卖点掌握情况
场控	直播间场景搭建，直播中的实时目标关注，直播热度变化，突发事件预警能力
助理	商品上下架，关注直播间设备，确认发货快递和发货时间，与主播的配合等
运营	预热、引流视频的准备和发布，巨量千川的投放操盘问题
选品	选品是否合理，利润款、引流款、福利款产品的结构是否合适，过款流程是否合理
客服	活动福利说明及客服预案是否完备

八、直播复盘数据分析6步法

1. 整体回顾，抓取直播关键数据

初步复盘直播情况，可以从人气数据和带货数据两方面把握一场直播的整体水平。

1）人气数据：分析直播间的流量规模，以及观众进入直播间后，直播间承接流量的能力，包括拉新、留存、互动等方面。

2）带货数据：分析直播间的流量价值，判断直播间流量的转化情况，也就是直播间内观众的消费情况和消费水平。如果人气数据较高，带货数据不理想，那么直播间就会陷入"叫好不叫座"的局面。

2. 时段查看，关注数据变化

分时段对比查看，精细化复盘数据。一场直播的数据变化一定是动态的，不同的选品上架、福利活动、话术引导都会影响直播效果。通过综合对比查看不同时段的人气、带货、涨粉数据，精细化复盘直播表现是否符合预期。

> ⏱ 小提示：录屏直播和直播片段是用来对照数据复盘的得力助手，利用它们开展复盘工作，可以更直观地感受到直播效果与数据之间的对应关系。

3. 商品复盘，优化选品推广策略

影响商品销量的因素有很多，例如，商品的价格、与直播间用户的匹配程度、讲解话术、销售时段等。因此，应深入发掘每一件商品"卖得好"和"卖不好"的原因，以利于后续提高销量。在单品的带货数据中，可以看到商品在不同时段、不同讲解状态下的销量变化。要想提高上架商品的销售效率，在设计直播脚本时就要抓住用户的痛点，更好地向用户传递商品的价值。如果商品的销售情况不理想，可以打开"商品详情"查看该款商品的"用户评价"，了解用户在购买时更关注的信息，并将其作为重点进行展示和推广。同时会发现相似的商品，可以加入选品库，作为下一次测品的参考。

4. 画像获取，分析客群精准度

直播间的用户画像分析不仅是开播前的工作，也是直播后复盘时重要的一环。需要对照查看直播间的选品、定价、讲解话术、脚本设计、投放运营等环节与预设的用户画像是否匹配，并分析如何优化运营，提高客群的精准度。

5. 流量来源，投放效率诊断

在一场直播中，应重点关注的直播流量来源有四个：关注页、推荐页、同城和其他。"推荐页"和"其他"中也包含了付费流量。通过查看分析不同渠道的来源占比，可以知道应从哪个方向着手去优化。例如，来自同城的用户人数较少，可以通过打开定位获取更多同城用户；视频推荐的流量太少，要复盘视频为什么不够吸引人；来自直播广场的用户人数太少，可以尝试优化直播封面和标题等。结合"直播预热视频"也可以发现哪一条引流视频的导流效果最好，主要依据为"直播期间视频点赞增量"这一数据，视频点赞增量越多，说明曝光量越大，获取的流量也越大。可以总结、复用这条视频的拍摄方式，为下一次的直播作准备。

6. 互动分析，挖掘潜在用户需求

直播用户的互动数据主要有三个功能：一是看到用户互动活跃的阶段，判断互动设置是否有效；二是通过用户高频发送的弹幕，了解直播间里的用户爱聊什么话题，或是有哪些问题比较集中，可以在下一次直播前提前准备；三是在弹幕中发现用户潜在的购物需求和感兴趣的品牌，可以作为后续选品的参考。

📑 工作页

扫码看视频

任务单

1. 工作任务描述

2019 年，石板沙村荣获国家 3A 级旅游景区称号，被评为"2019 年中国最美乡村"，南安村被评为"全国乡村治理示范村"。2020 年，石板沙村被评为 2020 年度"中国美丽休闲乡村"。2021 年，睦洲镇荣获博鳌国际峰会农业产业发展特色镇。南安村自 2014 年以来，打造了 800 多亩生态水果种植基地。目前已有 16 个农业项目进驻该基地，产品包括无花果、番石榴、青枣、三华李、火龙果、葡萄、桑葚、新会柑、甜橙等。

飞扬农场是睦洲镇南安村生态水果种植基地的一家农户，是家庭式农场，经营面积达 25 亩，种植有番石榴、青枣、三华李、火龙果、葡萄等农产品。该果园一直采用现场采摘和线下销售相结合的经营方式。目前是番石榴大量成熟上市的季节。果园园主请求农村电商产业园的直播创业团队帮忙，通过直播提高番石榴的销量并且推广果园的品牌，让更多本地的游客到果园采摘水果。

飞扬农场

13

产品信息表

所属乡镇	企业名称	产品名称	产品图片	产品规格	产品简介	市场价格	直播间价格	份数	是否参与抽奖或秒杀	其他情况（包邮等）	快递
睦洲镇	飞扬农场	番石榴		4kg/箱，中果（单果150g起）	番石榴是国产芭乐，白心，为热带果树，属桃金娘科。番石榴既可当新鲜水果生吃，也可煮食。爽脆清甜，肉厚饱满，心小籽少，可食率高，回味悠长	45元/箱	24元/箱	100	否	不包邮，建议自提	邮政快递

2. 工作任务要求

过程要求	质量要求
农村电商产业园的直播创业团队收到直播推广任务后，根据直播的目标和要求，分析农产品用户画像及农场的实际情况，明确直播的渠道、内容，制订直播计划并撰写直播活动策划书；向运营总监汇报方案情况，做出策划方案；完成直播脚本编写、资源准备、场景布置、直播预告等，在直播间完成10min的全流程单品直播销售；直播结束后，及时跟进售后问题并进行直播活动复盘，撰写分析报告上报运营总监。完整的直播流程要求在12个学时内完成	农产品直播需严格遵守《中华人民共和国电子商务法》《中华人民共和国广告法》《中华人民共和国产品质量法》《互联网直播服务管理规定》、平台活动规则及产业园的管理制度等

课前工作页

1. 收集睦洲镇信息

请根据直播创业团队分组完成睦洲镇资料的收集。通过网络信息检索、实地调研等方法进行信息查找，使用 Word 文件进行资料整理。

组名：＿＿＿＿＿＿＿＿　　　　记录人：＿＿＿＿＿＿＿＿

睦洲镇信息表

序号	信息项目	具体内容	资料来源	负责人员
1	地理环境			
2	特色文化			

（续）

序号	信息项目	具体内容	资料来源	负责人员
3	乡村旅游资源			
4	特色农业			

2. 开展农产品单品直播的 SWOT 分析

请采用 SWOT 分析法分析本次农产品单品直播的情况（农产品、客户企业、直播创业团队）。

组名：＿＿＿＿＿＿＿　　　　记录人：＿＿＿＿＿＿＿

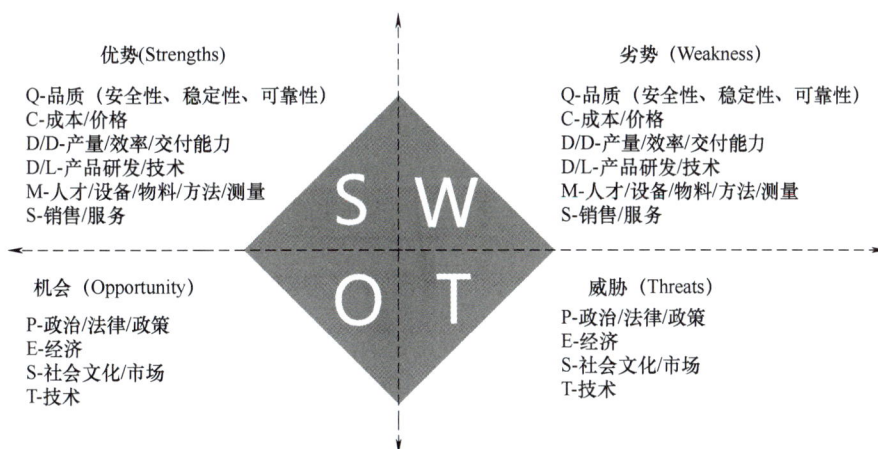

优势(Strengths)
Q-品质（安全性、稳定性、可靠性）
C-成本/价格
D/D-产量/效率/交付能力
D/L-产品研发/技术
M-人才/设备/物料/方法/测量
S-销售/服务

劣势（Weakness）
Q-品质（安全性、稳定性、可靠性）
C-成本/价格
D/D-产量/效率/交付能力
D/L-产品研发/技术
M-人才/设备/物料/方法/测量
S-销售/服务

机会（Opportunity）
P-政治/法律/政策
E-经济
S-社会文化/市场
T-技术

威胁（Threats）
P-政治/法律/政策
E-经济
S-社会文化/市场
T-技术

3. 完善直播产品信息表

通过与客户企业、运营总监沟通，确认直播产品的信息，使用 Excel 文件进行资料整理。

组名：＿＿＿＿＿＿＿　　　　记录人：＿＿＿＿＿＿＿

产品信息表

序号	所属乡镇	企业名称	产品名称	产品图片	产品规格	产品简介	市场价格	直播间价格	份数	是否参与抽奖或秒杀	其他情况（包邮等）	快递

课中工作页

1. 直播创业团队的岗位职责分工表

请根据本次任务单的要求，结合团队的实际情况，使用 Word 文件进行资料整理。

组名：_____　　　　记录人：_____

直播岗位职责分工表

序号	岗位名称	工作内容			人员
		直播前	直播中	直播后	
1	运营专员				
2	主播				
3	推广专员				
4	美工专员				
5	场控				

2. 直播策划方案

通过阅读案例，开展讨论，编写直播活动策划书，使用 Word 文件进行资料整理。

组名：_____　　　　负责人：_____

直播活动策划书

3. 岗位职责表

直播活动策划书审核表（运营专员）

组名：_____　　　　　　负责人：_____

直播主题：

检查项目	评价
直播目的	通过☐　不通过☐
直播主题	通过☐　不通过☐
直播时间	通过☐　不通过☐
直播平台	通过☐　不通过☐
直播产品	通过☐　不通过☐
直播场地	通过☐　不通过☐
直播设备	通过☐　不通过☐
直播流程	通过☐　不通过☐
审核意见	

负责人签字：
日　　期：

直播脚本设计表（主播）

组名：_____ 负责人：_____

直播主题：_____ 直播时间：_____

直播目标：

序号	环节	时长	产品名称	产品规格	日常价格	直播间价格	包邮范围	数量	口播内容	备注

直播推广情况记录表（推广专员）

组名：_____ 负责人：_____

直播主题：

直播宣传视频制作过程（拍摄剪辑）	
H5（编辑）	
直播推广文案	

直播宣传资料表（美工专员）

组名：_____　　　负责人：_____

直播宣传图	
直播间详情图	

直播设备使用登记表（场控）

组名：_____   负责人：_____

直播主题：		直播时间：
直播场地	室内□　户外□	
直播设备	相机□　手机□	
灯光设备	室内直播三灯套装□　手持补光灯□　反光板□　无□	
收音设备	相机无线收音□　手机无线收音□　无□	
支架	相机支架□　手机固定支架□　手机手持云台□	
计算机设备	台式计算机□　手提计算机□	
桌椅	桌子□，数量_____　椅子□，数量_____	
线材	3m 接线板□，数量_____　手机充电线□	
户外装备	帐篷□　遮阳伞□　无□	
其他设备		
网络	Wi-Fi 网络□　蜂窝网络□　有线网络□	
现场网络勘查	优秀□　良好□　差□ 解决方案：	
备注		

4. 直播复盘表

根据直播实施的情况，完成直播复盘表。

直播复盘表

数据概览	账号名称		直播日期		直播时长		直播时间段	
	观众总数		付款总人数		付款订单数		销售总额	

直播内容质量问题分析				
直播吸引力指标	关联因素	问题记录	复盘结论	
最高在线人数	流量精准度 选品吸引力 产品展现力 营销活动力 主播引导力			
平均停留时间				
新增粉丝量				
增粉率				
评论人数				
互动率				

直播销售效率分析				
销售效率指标	关联因素	问题记录	复盘结论	
转化率	流量精准度 选品吸引力 产品展现力 营销活动力 主播引导力			
订单转化率				
客单价				
UV 价值				

直播流量优化分析				
流量来源	占比	人数	问题记录	复盘结论
直播推荐				
视频推荐				
关注				
同城				
其他				
付费流量				

5. 岗位直播复盘表

根据自己岗位的直播实施情况，完成岗位直播复盘表。

岗位直播复盘表

组名：＿＿＿＿＿＿＿＿　　　负责人：＿＿＿＿＿＿＿＿　　　岗位：＿＿＿＿＿＿＿＿

具体工作内容	
工作成效	
存在问题及改进措施	

6. 直播分析报告

本次任务要求根据直播复盘和岗位总结的情况，编写直播创业团队的直播分析报告。

组名：_____ 负责人：_____

直播分析报告

课后工作页

根据本次自己的工作岗位和职责，谈谈自己在项目实施过程中是如何结合睦洲镇的特色文化的，对自己家乡的农村电商有什么看法。

组名： _____   负责人： _____

项目感悟

微任务 2

加工农产品单品直播——司前镇丝苗米产品直播

情境引入

司前镇位于广东省江门市新会区西部，东邻大泽镇，南隔潭江与罗坑镇相望，西接开平市、台山市，北连鹤山市，是新会区的西大门。司前镇北面属丘陵山地，东南面属潭江下游冲积平原，行政区域面积为 89.9km² 。

全镇耕地面积约为 3.5 万亩，林地面积约为 2.38 万亩，培育有田边村的香丝苗水稻、雅山村的茶枝柑、石桥村的石乔龙眼等一村一品牌。2021 年，兴篁村被认定为第二批省级"一村一品、一镇一业"水稻种植专业村。

司前镇工业基础雄厚，以五金不锈钢产品制造产业为主，从原材料供应、模具制造到产品配套、物流配送一应俱全，形成了完整的产业链，具有一定的整体竞争优势。

司前镇鸟瞰

👤 职业素养

一、遵守法律法规

直播是新生事物，有关直播的法律法规正在逐步完善，当前直播需要遵循的法律法规主要有以下几部。

1. 《中华人民共和国电子商务法》

2018年8月31日，由中华人民共和国第十三届全国人民代表大会常务委员会第五次会议通过，自2019年1月1日起施行，共七章八十九条。

为了保障电子商务各方主体的合法权益，规范电子商务行为，维护市场秩序，促进电子商务持续健康发展，制定本法。

中华人民共和国境内的电子商务活动，适用本法。

本法所称电子商务，是指通过互联网等信息网络销售商品或者提供服务的经营活动。

直播也属于电商，属电子商务经营者范畴，应遵守该法。

2. 《互联网直播服务管理规定》

《互联网直播服务管理规定》是为加强对互联网直播服务的管理，保护公民、法人和其他组织的合法权益，维护国家安全和公共利益而制定的法规。2016年11月4日，《互联网直播服务管理规定》由中华人民共和国国家互联网信息办公室发布，自2016年12月1日起施行。《互联网直播服务管理规定》明确规定互联网直播服务提供者以及互联网直播服务使用者不得利用互联网直播服务从事危害国家安全、破坏社会稳定、扰乱社会秩序、侵犯他人合法权益、传播淫秽色情等法律法规禁止的活动。

3. 《市场监管总局关于加强网络直播营销活动监管的指导意见》

国家市场监督管理总局在2020年11月5日发布《市场监管总局关于加强网络直播营销活动监管的指导意见》（简称《意见》）。《意见》中指出将依法查处网络直播营销活动中侵犯消费者合法权益、侵犯知识产权、破坏市场秩序等违法行为，促进网络直播营销健康发展，营造公平有序的竞争环境、安全放心的消费环境。

二、遵守网络平台相关规定

直播往往需要依托特定的网络平台进行，每个网络平台对于直播活动的规定不同，直播活动务必遵守相应平台规定，不可触碰平台"红线"，否则将面临被处罚、限流、封禁等后果。

以抖音平台为例，其直播规定主要如下。

《抖音社区自律公约》是用户使用平台服务的指引性规范和行为准则，适用于使用平台客户端应用程序（同时包括抖音火山版、抖音极速版、多闪、抖音旗下生活社区 - 可颂、抖音音乐版 - 汽水音乐、抖音旗下中长视频版本 - 抖音精选、简化版等关联版本）及相关网站（www.douyin.com）的所有用户。用户如果违反本公约将面临相应的处罚，处罚类型包括但不限于删除或屏蔽违规内容、对违规账号禁言或封禁等；构成违法犯罪的，平台将积极配合执法及司法机关的工作。其中，平台禁止及不欢迎的行为包括如下方面：

- 暴力与犯罪行为
- 时政有害及不实信息
- 侵犯人身权益
- 违法与不良内容
- 不实信息

- 违反公序良俗
- 违反知识产权保护
- 侵害未成年人权益
- 虚假与不诚信行为
- 危害平台秩序与安全

三、农产品直播销售"八要八不要"

1. 要厘清定位，不要大包大揽

要认清直播只是农产品营销的方式之一，本质是地方政府推动数字农业新技术、新媒体的顶层设计和实施策略，目的是让"小农户"链接上"大市场"。

不要把直播看成是农产品销售的"万能钥匙"而盲目追捧，不能什么农产品都一窝蜂通过直播带货。

2. 要全盘统筹，不要片面思维

要把直播嵌入农产品品牌构建、全域营销的链条中，打造产业闭环，利用新技术手段优化营销生态、提高营销效能。

不要片面地把直播视为价格战营销手段，不作为孤立的工作去推进。

3. 要长期布局，不要急躁冒进

要把直播当作一项长效的工作来抓，兼顾中长期目标，完善农村电商发展体系。

不要幻想单靠一两次直播带火一款乃至一地农产品，沾染浮夸冒进的风气。

4. 要练好内功，不要全盘外包

要认认真真打造本地直播带货账号，踏踏实实培育本地农人主播，积极打造直播电商生态圈。

不要完全依靠第三方服务和平台流量，忽略资源沉淀。

5. 要解决痛点，不要虚有其表

要认识到直播的目的是带动销售、提升品牌，相关部门做好直播监督和引导，提前做好功课、合理定价，以内容和品质取胜。

不要为播而播、仓促上马、敷衍了事，避免跑偏。

6. 要遵循规律，不要浮夸营销

要在尊重市场规律的基础上合理提升产品性价比，顺应互联网消费者的需求和习惯，加强网络营销特色，保证生产方合理利润、消费者赢得实惠。镜头前是"面子"，考验的是"里子"。

不要为了博眼球、博销量而盲目降价，甚至"赔本赚吆喝"。

7. 要利农惠民，不要欺农欺客

要选择地方特色、优质农产品，准确客观介绍产品，直播是形式，产品是内核。良好的消费体验、品质过硬的产品才是直播经济生存发展的根本。

不要夸大宣传忽悠消费者，"买家秀"和"卖家秀"对比强烈，最终只会伤了客户、伤了信誉、伤了农产品的口碑。

8. 要做好保障，不要播完了事

要严格把关农产品质量，做好直播销售的合理备货，做好分拣、包装、发货、售后等所有环节的保障工作，保证到货质量，给予消费者良好的购物体验。

不要只顾接单不顾保障，供应链环节损耗过大只会增加客诉率、退单率。

知识与技能

一、用户画像

1. 用户画像的定义

用户画像又称用户角色。作为一种勾画目标用户、联系用户诉求与处理方向的有效工具，用户画像在各领域得到了广泛的应用。

用户画像构建的核心工作是给用户贴"标签"，构建出覆盖人群属性、兴趣偏好、用户行为、实时场景等众多细分维度，拥有性别、年龄层次、消费水平、职业、购物偏好等上千个标签的用户画像体系，勾勒立体的用户画像，深入洞察用户，精准把握受众，全方位了解用户，助力市场运营推广。

2. 用户画像的作用

用户画像是大数据的核心组成部分，在很多企业中有着重要作用，通过用户画像，企业可以做到精准营销和个性化服务。

（1）精准营销　通过用户画像，企业可以判断出高价值潜在用户，然后进行专门投放、精准营销，有针对性地服务用户。

（2）个性化服务　企业刻画用户画像的目的是更好地服务用户，增强用户黏性。一般来说，当企业抓住用户的特征时，都会根据用户的偏好等标签，分析用户的兴趣点，为用户提供对应的个性化服务方式，发挥用户画像、数据分析的特点，将服务资源定向营销至合适的用户，提高用户的留存率。

3. 用户画像的基本模型与案例

用户画像的基本模型

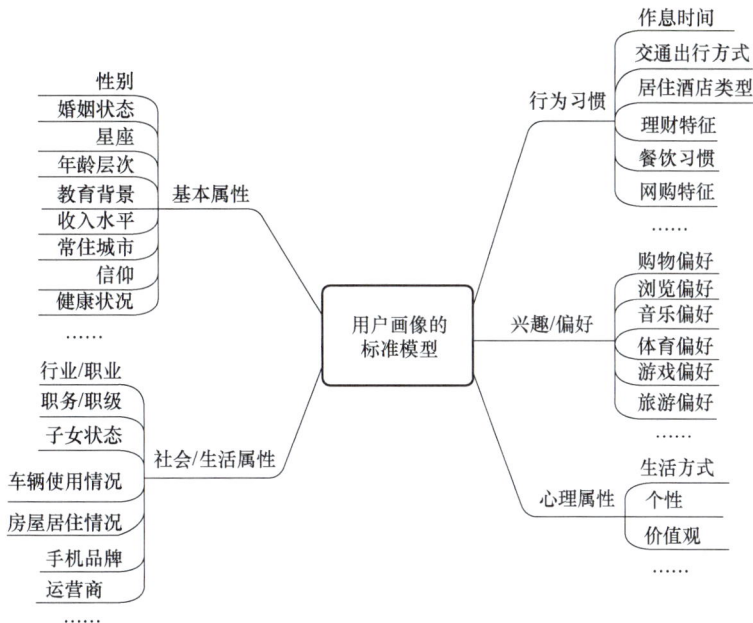

用户画像的标准模型

【基本属性】

　　00后,一线城市14~18岁的青春期男高中生。

【行为习惯】

　　喜欢个性化的品牌,父母每月给大概500元零花钱,每天花5~6元买饮料,由于大部分时间在学校,主要在学校超市购物,很容易受周围朋友影响等。

【兴趣/偏好】

　　平时学习较忙,社交圈相对稳定,喜欢通过和同龄人一起运动的方式来社交或释放压力。大部分时间都携带着手机,但是一般只有在放学后才会使用,常浏览Bilibili、Soul、抖音等平台,以及体育网站,喜欢有个性的明星等。

【心理属性】

　　开朗活泼,喜欢尝试新鲜事物,追求个性,喜欢充满酷感的事物,学习压力较大,但是总体心态乐观,对未来充满无限希望等。

用户画像的案例

4. 用户画像的分析方法和步骤

第一步:获取和研究用户信息。

第二步:细分用户群。

第三步:建立和丰富用户画像。

5. 农产品用户画像的案例

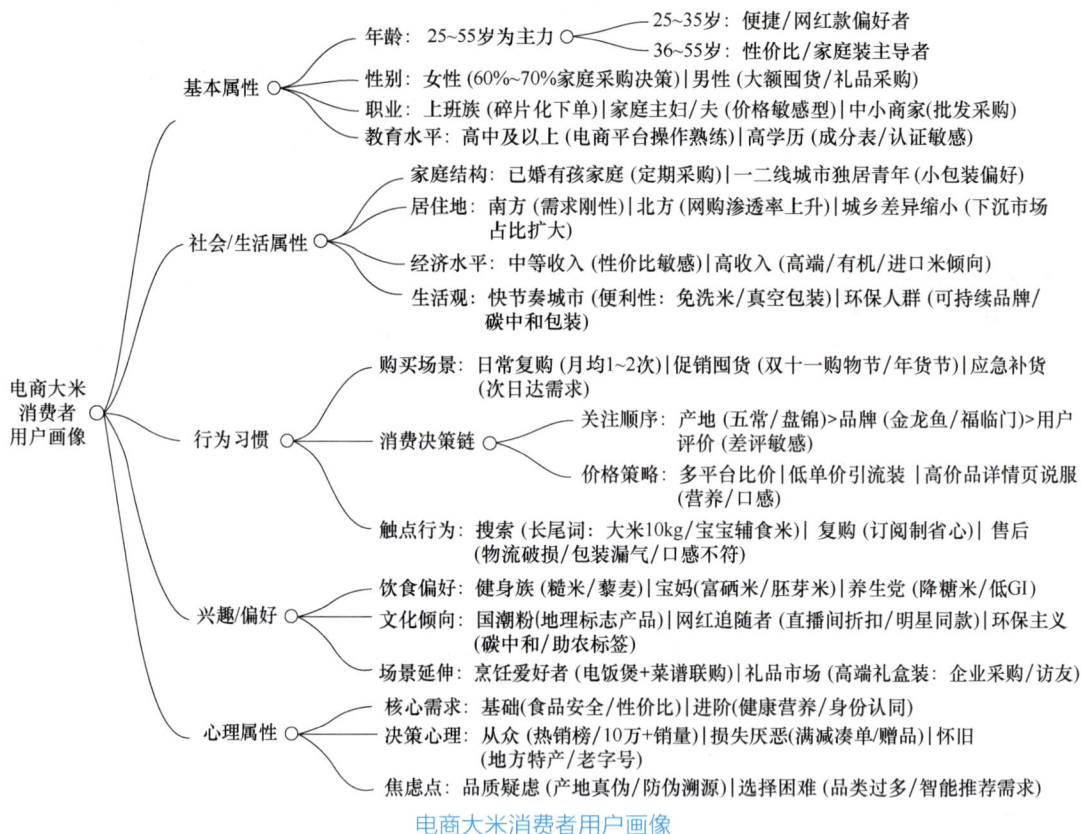

电商大米消费者用户画像

二、常见的主播类型

1. 娱乐主播

娱乐主播作为直播领域中最基础且广泛存在的一种类型，以女性主播为主。她们通常具备丰富的才艺，如歌唱、舞蹈、说唱等，并以其出众的外貌和与观众的良好互动能力为特点。此类直播对设备要求不高，使用普通手机即可满足需求，但部分主播为提升直播质量，会额外配置声卡、补光灯等专业设备。

2. 游戏主播

游戏主播主要通过展示网络游戏吸引观众，以男性主播为主。他们通过游戏解说、赛事报道及实时对战等方式，将游戏画面生动地呈现给观众，以此吸引粉丝并获取打赏。此类主播具备扎实的游戏技术基础或良好的解说能力，对直播游戏有深入理解和独到见解。然而，游戏直播对设备要求较高，至少需配备一台高性能计算机，以确保直播流畅无阻，避免因卡顿而影响观众体验。

3. 户外主播

户外直播是指主播在户外环境进行现场直播，表演形式丰富多样，男女主播均可参与。

户外主播的表演内容广泛，包括自然风光展示、户外舞蹈表演及搞笑剧情演绎等。为满足户外直播需求，直播时需准备手机平衡器、网卡、便携式麦克风、声卡等专业设备，以确保直播质量。

4. 带货主播

带货主播的性别无特定限制，男女皆可。此类主播需具备较高的颜值，但更重要的是具备出色的表达能力和敏捷的临场反应能力，以及对所售产品的深入了解。带货直播的设备需求因产品而异，但通常包括直播手机、计算机、背景布、补光灯、支架等基本设备，以满足直播需求。

三、适合农产品直播的主播

1. 官员主播

官员主播主要是指各地的干部化身网络主播，在电商平台的直播间为当地的农产品进行推广和带货。

这类主播进行直播带货的主要优势是：官员熟悉当地的农产品情况，是地方农产品的权威背书。这样有助于推动乡村振兴，推动农业产业化，完善农产品供应链，带领农民发家致富，还能够使官员与时俱进，提升治理水平。

问题：部分官员主播直播带货的能力不强。

2. 明星主播

明星主播本身自带流量，利用"流量＋直播"的方式，可以双重推动直播效果。

这类主播进行直播带货的主要优势是：明星本身具有高流量和大量的粉丝基础，能够快速吸引大量观众。

问题：明星主播的知名度和其带货能力不一定成正比，特别是对于刚开始直播的明星，其带货定位不够清晰，导致只有流量而无销量。因此明星直播时要想既有流量也有销量，就需要合适的选品、有趣的直播内容、精准的用户分析。

3. 网红主播

网红主播是在现实或网络生活中因为某个事件或某个行为被网民关注而走红的人。

这类主播进行直播带货主要采用"纯佣金"模式或"服务费＋佣金"模式。网红主播是直播带货的主力军，其主要优势是：直播效果比较稳定、合作模式稳定、能达成双方意愿。

问题：商家选择网红主播时需要进行多维度考察，谨慎选择，考察内容包括主播带货定位、主播专业程度、主播是否存在数据造假等。

4. 农民主播

在农产品带货直播中，农民主播是最受消费者信赖的，根本原因就是"真实"，他们是最接近乡村、接近农产品的人，人设最贴近产品。

这类主播进行直播带货，主要采用销售自家农产品、销售本地农产品、带货第三方农产品的模式。基于契合的人设，往往农民主播的直播效果良好，销量较高。

问题：对产品质量关注度不够，需要多方支持，需要农民转变观念。

四、主播人设定位

主播人设定位的五个维度

人设定位维度	说明
我是谁	1. 确定身份，如农民、创始人、传播者等 2. 确定形象，形象统一才能增加辨识度 3. 直播间的名称应与主题相呼应，传达信息明确
面对谁	观众群体的地域、年龄、性格、偏好、收入状况、消费能力
提供什么	突出核心竞争力，如质优价廉
什么地方	直播的平台、地点（户外产地、直播间）
解决什么问题	解决用户购买需求点，提供品质好的产品

五、农产品卖点的挖掘和定位

通过对本地农产品地域、文化、品牌等多方面优势的深入挖掘与塑造，旨在精准把握消费者的购买需求点，进而打造出既贴合市场需求又能和竞争者区分开的独特卖点。具体措施如下：

1. 挖掘"土"字精髓

农产品天然蕴含的地域文化与源头特色，如"土生土长""原产地""地理标志"等，是构成其健康、生态、绿色属性的重要标签。主播可强调自己亲自参与制作与种植的过程，以此彰显农产品的纯粹与天然。

2. 人物塑造注入情怀

通过构建富有故事性、情感共鸣的人物形象，提升产品文化内涵，增强市场竞争力。例如，通过展示返乡创业的大学生、大学生村干部、第一书记等身份背景，以及农产品扶贫、公益、爱心义卖等活动，不仅能够增强消费者的情感认同，还能有效提升产品知名度与好感度。

3. 突出美味口感

作为农产品的核心属性之一，美味口感是吸引消费者的关键。通过宣传农产品的独特风味与绝佳口感，能够有效激发消费者的购买欲望。

4. 打造差异化核心卖点

在直播推广过程中，建立独特的竞争优势是确保可持续发展的关键。主播应深入挖掘并展示农产品的独特之处，例如，独家秘方、传统采摘方式、手工制作工艺或特殊种植技术等，以此增强产品的真实感与吸引力。

5. 重视直播间的评价反馈

真实、积极的用户评价对于提升消费者信心、构建良好品牌形象具有不可估量的价值。

直播从业者应密切关注并合理利用用户评价，通过口碑传播进一步巩固市场地位。同时，针对差评进行及时反思与改进，以避免用户流失。

六、常见的直播间预热视频类型

1）开门见山式：直接告诉用户当晚有一场直播，欢迎大家前来观看。

2）悬念式：通过制造悬念来使用户产生好奇心。例如，在视频的结尾告诉大家当晚的直播有神秘大奖和超值优惠。

3）剧情式：通过一个搞笑的段子来加深用户对直播的印象。

4）深入现场式：揭秘直播间里看不到的实地趣事，例如，直播果园类的场景，可以提前拍摄果园环境，或者在直播前拍摄选品的过程，这种方式可以提高观众对品牌的信任程度。

七、直播间互动策略

1）增加直播互动环节：在直播中增加互动环节，例如，问答、抽奖、打卡等，激发用户的参与欲望，提高用户留存率。

2）提供专业的知识和技巧：分享专业知识和技巧，例如，美妆技巧、健身方法、烹饪技巧等，帮助用户解决问题。

3）精心策划的直播内容：制作精心策划的直播内容，例如，搞笑短剧、唱歌、跳舞等，吸引用户停留和分享。

4）私信互动：鼓励用户通过私信与主播进行互动，回复私信内容，提供个性化的服务和建议。

5）用户称呼的提及：在直播过程中积极提及用户的用户名或昵称，增加用户的参与感和归属感。

八、直播重要指标

直播重要指标

指标类别	细分指标	含义
浏览指标	单场观看量	指整场直播的观看用户总量。它更侧重于用户的数量，而非观看的次数
	浏览次数	指看过直播并且离开直播间的累计人次。同一个用户多次进出直播间可叠加浏览次数。浏览次数通常大于单场观看量
	粉丝浏览次数	指关注过主播的用户进出直播间的次数
	观众浏览次数	指未关注主播的用户进出直播间的次数
	商品点击次数	指整场直播所有进入直播间的用户点击商品的次数，一个用户多次点击可叠加商品点击次数

（续）

指标类别	细分指标	含义
转化指标	总商品交易额（GMV）	GMV 是最重要的转化指标。目前 GMV 多指按照页面价格计算，未排除退款金额的交易额
	支付金额	指剔除了退款等金额后的用户的实际交易额。相比 GMV，支付金额更为精准
	付费用户量	指对产品有过付款行为的用户量。分为首单用户（新客）、忠诚消费用户、回流消费用户（一段时间未购买后复购的用户） 付费用户比例 =（付费用户数 / 总用户数）×100%，该公式可以用来预估直播间用户的购买力
	复购率	指单位时间内，消费两次及以上的用户占付费用户量的比例，是判断直播间带货能力的重要指标，也是平台对直播间的重要考核指标
留存指标	用户留存率	用户留存率 =（留存用户数 / 初始用户数）×100% 用户是否愿意第二天继续观看直播是判断直播是否成功的重要指标
	用户流失率	用户流失率 =（流失用户数 / 进入直播间的总用户数）×100% 用户流失率的重要性在于，它可以从一定程度上预测一个直播间（产品）的生命周期

工作页

扫码看视频

扫码看视频

任务单

1. 工作任务描述

"中国丝苗看广东，广东丝苗看江门"。江门市新会区司前镇小坪村毗邻潭江，滔滔江水自西向东，穿境而过。小坪村的农田自古就被潭江水源孕育灌溉，良好的生态环境、便利的灌溉网络和优秀的灌溉水源，构成了稻米生长的肥沃土壤。

飞扬农场种植了 19 香、金箩 9 号、美香占 2 号三种丝苗米品种，一年两熟，平均亩产 500kg，基地采用全程机械化作业，对稻田进行科学严谨的检测管理，降低病虫害、恶劣天气的影响。

同时该农场采取绿色种养模式，试行虾稻共养，即利用冬种时间养殖小龙虾。虾稻共养可以提高稻田肥沃度，在稻田中养殖的小龙虾可以吃掉稻草分解过程中产生的大量微生物、虫卵等有害生物，消耗稻桩，减少病虫滋生，同时小龙虾不断爬动利于土壤松动，活水、通气，增加水中溶解氧气的含量；可以降低农药使用率，小龙虾通过新陈代谢排出的大量粪便能给农田当作肥料，对稻田的土地起到保肥、增肥的效果，因而可少用农药，提高水稻产量及品质，种出来的水稻价格比一般丝苗米高，但米饭香甜、口感好，深受消费者欢迎。

目前，飞扬农场请求农村电商产业园的直播创业团队帮忙，通过直播提高丝苗米的销售量并且推广基地的品牌，让更多人了解和喜欢该品牌。

飞扬农场虾稻共养

产品信息表

所属乡镇	企业名称	产品名称	产品图片	产品规格	产品简介	市场价格	直播间价格	份数	是否参与抽奖或秒杀	其他情况（包邮等）	快递
司前镇	飞扬农场	丝苗米		2.5kg/袋	丝苗米米粒细长、米色油润、洁白如脂、软滑爽口、有嚼劲	56元/两袋	45.8元/两袋	100	否	包邮，建议自提	邮政快递

2. 工作任务要求

过程要求	质量要求
农村电商产业园的直播创业团队收到直播推广任务后，根据直播的目标和要求，分析农产品用户画像及农场的实际情况，明确直播的渠道、内容，制订直播计划并撰写直播活动策划书；向运营总监汇报方案情况，做出策划方案；完成直播脚本编写、资源准备、场景布置、直播预告等，在直播间完成20min的全流程单品直播销售；直播活动结束后，及时跟进售后问题并进行直播活动复盘，撰写分析报告上报运营总监。完整的直播流程要求在8个学时内完成	农产品直播需严格遵守《中华人民共和国电子商务法》《中华人民共和国广告法》《中华人民共和国产品质量法》《互联网直播服务管理规定》、平台活动规则及产业园的管理制度等

课前、课中和课后工作页请参考本书配套资源。

学习任务 2　农产品多品直播

代表性工作任务名称	农产品多品直播	工作时间	32课时
代表性工作任务描述			

　　直播创业团队从运营总监处领取任务后，以团队为单位，到大鳌镇、双水镇和崖门镇进行实地调查，挖掘当地特色农产品，根据直播的目标和要求，对多个农产品进行合理选品和包装设计，讲好农产品的故事，明确直播的渠道、内容，根据不同的平台制订直播计划并撰写直播活动策划书；向运营总监汇报方案情况，做出策划方案；完成直播脚本编写、资源准备、场景布置、灯光布置、道具布置、直播预告等，做好直播活动实施及管控；直播活动结束后，做好农产品的冷库保鲜配送，及时跟进售后问题，以及进行直播活动复盘，撰写分析报告上报运营总监

　　质量要求：直播过程需要遵循《中华人民共和国电子商务法》《中华人民共和国广告法》《中华人民共和国产品质量法》《互联网营销师》国家职业技能标准、《互联网直播服务管理规定》、平台活动规则及产业园的管理制度等

工作内容分析

工作对象：

1. 阅读分析任务单，到大鳌镇、双水镇和崖门镇进行实地调查，与运营总监等相关人员进行沟通，对农产品用户画像、农场实际情况、当地特色农产品进行分析，确认工作要求

2. 确认直播目的、渠道和内容，制订直播计划，撰写直播活动策划书

3. 对直播活动策划书的审核确认

4. 掌握微信小程序直播流程与操作方法，编写农产品直播话术与脚本，准备资源、布置场景、直播预告，农产品直播实施，现场管理

5. 分析及复盘直播效果，撰写分析报告，向运营总监汇报直播实施情况

工具、设备、材料与资料：

1. 工具：办公软件、XMind、农村电商产业园微信商城——粤识货平台、图片处理软件、135编辑器、长风网APP、微信APP

2. 设备：计算机、手机、网络设备、打印机、直播设备

3. 材料：莲藕、马蹄、甘蔗、林松柏腊味、富硒系列产品、打印纸、卡纸、素材库

工作方法：

1. 思维导图法：提取关键词，发散思维

2. SWOT分析法：分析产品、客户、农场、直播创业团队

3. 用户画像分析法：精准营销，数据分析

4. 信息检索法：收集农产品信息、案例、直播活动策划书内容、脚本和话术内容、微信商城直播指标和数据、报告案例

5. 二维码测试法：测试部分方案内容，检验可行性，测试直播话术和脚本内容

6. 软文推送法：制作软文并发布

7. 数据分析法：分析直播数据，形成报告

8. 归纳总结法：汇报展示作品

工作需求：

1. 能根据任务要求，合理分工，团队合作完成信息收集

2. 能获取用户企业的经营信息

3. 能分析农产品的信息

4. 能获取与分析农产品用户的信息特征

5. 能明确直播目的和要求，确定直播主题

6. 能根据任务要求，合理分工，团队合作制订直播计划

7. 能借助教材，在满足任务单要求和《互联网营销师》国家职业技能标准的前提下，撰写直播活动策划书，明确直播流程、工作时间进度、技术手段

8. 能依据直播目标及要求，对直播效果进行分析及复盘

（续）

代表性工作任务名称	农产品多品直播	工作时间	32 课时

<table>
<tr><td colspan="3" align="center">工作内容分析</td></tr>
<tr>
<td>6. 数据保存、文件规范存档，向运营总监上报分析报告</td>
<td>劳动组织方式：
以团队合作方式进行。由运营专员从运营总监处领取任务单，与运营总监、客户沟通，明确任务要求，与直播创业团队里其他人员合作分析任务
　运营专员与美工专员、主播、推广专员、场控专员合作制订直播计划，撰写直播活动策划书。主播编写直播脚本，推广专员进行直播前的预热，美工专员进行直播间设置、产品上架，场控专员做好直播间搭建、资源准备，运营专员协调配合。以团队合作形式完成直播实施和现场管理
　直播实施后，直播创业团队协作进行数据收集和分析，分工撰写分析报告。最后由推广专员向客户企业及企业专家进行直播情况汇报，企业专家进行点评。任务完成后将直播计划、直播活动策划书、分析报告文件交付运营总监验收</td>
<td>9. 能按规范格式撰写分析报告
10. 项目资料内容完整（直播计划、直播活动策划书、脚本、预告、分析报告等）
11. 格式规范，分类整理
12. 符合企业要求，遵守保密制度</td>
</tr>
</table>

<table>
<tr><td align="center">职业能力要求</td></tr>
<tr><td>
　　学生应能完成农产品多品直播活动策划和农产品多品直播活动中需执行的工作任务，在工作过程中注重自我学习和提升，具备独立分析与解决常见问题的能力，具有成本意识、创新思维、商业敏感性，具备时间管理、现场管理、沟通交流、团队合作等职业素养，具备爱国爱乡的情怀，具备服务乡村振兴、发展农产品电商的志向和热情。具体包括以下几方面：
　　1. 能根据任务单要求，与用户、运营总监等相关人员进行专业沟通，明确工作内容和要求，并提出创新性建议
　　2. 能查阅相关资料，结合项目功能性、经济性、环保性等指标要求，分析和选择最优的直播方案，梳理直播思路、技术手段、工作时间进度等内容，制订具有可行性的策划方案
　　3. 能向运营总监汇报直播活动策划方案内容，根据反馈意见完善、确定最终方案
　　4. 能按照农产品直播活动策划方案，根据《互联网营销师》国家职业技能标准，团队协作完成农产品直播选品、脚本编写、资源准备、场景布置、直播预告、农产品直播活动的实施、现场管理、复盘等工作
　　5. 能对农产品直播推广效果进行分析，撰写分析报告，将直播销售数据、评价结果等文档按要求及时保存
　　6. 能对比往期农产品直播推广效果，总结经验，分析不足，提出改进措施
</td></tr>
</table>

初级农产品多品直播——大鳌镇莲藕、马蹄产品直播

情境引入

　　大鳌镇位于广东省江门市新会区东南部，地处西江下游磨刀门水道旁，由大鳌岛和红卫岛组成。近年来，该镇以"产业兴旺、生态宜居、乡风文明、治理有效、生活富裕"为目标，坚持党建引领，用好"绣花功夫"，切实通过产业发展、环境优化、民生改善、治理有效四个方面打造魅力水乡、和美大鳌，探索推进乡村振兴的经验路径。

大鳌镇美丽乡村一角

　　桃荫别墅坐落于大鳌镇南沙村南沙小学校内，这里曾是新会区（之前称新会县）新民主主义革命根据地，最早的中共新会区委机关曾在这里办公，粤中纵队新会独立团在这里诞生，新会的第一面五星红旗就在这里冉冉升起。

桃荫别墅

职业素养

直播选品员作为互联网营销师职业下的一个重要工种，其职业素养有着明确的标准和要求。直播选品员需掌握一定的专业知识与技能：选品员需要掌握市场调研、产品信息收集、样品收集与管理等专业技能，能够进行产品分析、竞品比对，以及制订选品计划。选品员应熟悉并遵守相关的法律法规，如《中华人民共和国网络安全法》《中华人民共和国商标法》《中华人民共和国消费者权益保护法》《中华人民共和国电子商务法》等，以确保直播带货过程合法合规。

直播选品员需要具备以下几方面的职业素养。

1. 职业道德

强调"严控质量"，要求选品员遵纪守法、诚实守信、恪尽职守、勇于创新、钻研业务，具有团队协作精神，并且服务热情。

2. 风险管理

选品员需要具备风险评估和管理能力，能够制订风险管理奖惩制度，评估风险防控方案的时效性。

3. 团队协作

在团队中，选品员应能与其他工种如直播销售员、视频创推员等有效协作，共同完成直播营销任务。

4. 持续学习与创新

互联网营销行业更新迅速，选品员需要不断学习新的知识和技能，以适应行业的发展，并且勇于创新，提升自身的竞争力。

5. 技术应用能力

随着技术的发展，选品员还需掌握一定的技术支持能力，例如，在直播过程中进行设备操作、互动管理等。

6. 售后服务与复盘

选品员应具备良好的售后服务意识，能够通过复盘分析直播效果，提出优化建议，以提升用户满意度和营销效果。

知识与技能

一、特色农产品的发掘与筛选

电商直播作为一种新兴的营销模式，对于发掘与筛选特色农产品起到了积极作用，为乡村振兴贡献了重要力量。以下是电商直播在发掘与筛选特色农产品时的几个关键点：

1. 品牌建设与市场推广

电商直播有助于提升农产品的品牌知名度，通过直播带货的方式，可以将地方特色农产品推向更广阔的市场。例如，苏州阳澄湖大闸蟹通过直播团队在抖音、天猫等平台进行销售，取得了显著成效。

2. 数字化管理

电商直播结合数字化管理平台，可以提高农产品的标准化和可追溯性。例如，凤凰镇水蜜桃通过智慧化管理平台实现了数字化管理，并借助直播活动有效拓展了销售渠道。

3. 政府与社会力量的参与

政府官员、社会名人参与直播带货，不仅提升了产品的可信度，还有助于快速提高产品销量。例如，苏州通过举办公益助农直播活动，使其累计销售额达到了一定规模。

4. 培育电商人才

通过电商培训和实践，培养了一批了解电商运营的人才，这些人才能够更有效地推广农产品。例如，城步苗族自治县通过电商培训，培育了本土电商人才，有效推广了当地特色农产品。

5. 线上线下融合

将电商直播与实体店铺相结合，形成立体化销售模式，有助于拓宽销售渠道。例如，太湖雪丝绸制品行业通过布局多个直播平台，实现了品牌出海和销售增长。

6. 提升农产品附加值

电商直播不仅可以提高销量，还能通过讲述产品背后的故事、展示生产过程等方式，提升农产品的附加值。

7. 政策支持与资源整合

政府出台相关政策，鼓励直播电商与特色农业深度融合，打造直播强市，并通过直播电商发展联盟等平台，整合资源，推动农产品直播电商的发展。

电商直播的这些特点和优势，使其成为发掘与筛选特色农产品、推动乡村振兴的重要工具。通过这种方式可以有效地将优质农产品与市场需求对接，实现农民增收和农业产业升级。

二、农产品的选品技巧

电商直播农产品的选品技巧可以从以下几个方面进行考虑：

1. 目标受众分析

首先要明确目标受众是谁，包括他们的年龄、性别、收入水平、消费习惯和兴趣爱好等，以便选择他们感兴趣的产品。

2. 产品质量

无论农产品定价有多低，质量始终是最重要的。只有保证了农产品质量，才能长期维持良好的口碑和用户黏性。

3. 品牌影响力

选择知名品牌的农产品能快速获得消费者的信任，但选择小众品牌的优质产品也是一个不错的策略，可以形成差异化竞争。

4. 价格优势

直播带货的一个重要特点就是价格优势，通过直播间专属优惠活动，给消费者提供比市场价更具吸引力的价格，可以大大提高成交率。

5. 热点追踪

关注时下热点和潮流，选择当下热门农产品。例如，在夏季可以选择西瓜、水蜜桃等水分充足的水果，冬季则可以选择苹果、甘蔗等甜度充足的水果。

6. 农产品试吃

主播在直播前亲自试吃农产品，能够更真实地传达农产品的食用感受，增加观众的信任感。

7. 内容细分领域

根据内容细分领域确定产品类型，细分程度越高，产品类型的确定性越强。

8. 用户群体特征

认真分析用户群体特征，大致确定选择农产品的依据，选择合适的农产品。

9. 评估模型

建立评估模型，用数据化思维来确定最终的选品。模型可包括产品功能、产品颜值、产品价格、质量可靠度和市场替代性等维度。

通过上述选品技巧，可以帮助电商直播更有效地挑选适合直播销售的农产品，提升直播带货的成功率。

三、冷库保鲜——执行高效的仓储作业流程

农产品直播电商当前尚存在冷链物流、仓储条件不足的问题，此外，农产品产地物流快递成本偏高、效率偏低，导致一些生鲜农产品通过直播渠道销售到消费者手中时，会出现口感变差、损坏变质等问题，直接影响消费者的后续购买意愿。

农产品最大的特点是鲜食性，大多数品种不易保存，不耐储存，且运输半径短。因此，一定要对鲜活农产品做好冷藏保鲜工作，进行高效仓储管理，构建一整套布局合理、重点突出、流通顺畅、服务农户的农产品仓储保鲜冷链体系，打通直播电商的冷链物流渠道，提升冷链物流保鲜技术。让农产品既能够通过直播带货模式卖出去，又能借助高效物流运输体系送出去，还要借助冷库保鲜、冷链物流将产品原汁原味地送达消费者家中。

但是冷库保鲜设施的建设难度大、投资成本高，需要政府农业农村部门、农业生产企业、物流企业、直播电商销售方等共同努力，通力配合，寻找适合各自的农产品冷库保鲜运作模式。2020年，农业农村部提出，重点在河北、山西、辽宁、山东、湖北、湖南、广西、海南、四川、重庆、贵州、云南、陕西、甘肃、宁夏、新疆16个省（区、市），聚焦鲜活农产品主产区、特色农产品优势区和贫困地区，选择产业重点县（市），主要围绕水果、蔬菜等鲜活农产品开展仓储保鲜冷链设施建设。鼓励各地统筹利用相关资金开展农产品仓储保鲜冷链设施建设。农产品冷库保鲜设施建设可参照农业农村部《关于加快农产品仓储保鲜冷链

设施建设的实施意见》中的相关标准及要求。

1. 基本原则

1）统筹布局、突出重点。坚持立足当前和着眼长远相结合，综合考虑地理位置、产业布局、市场需求和基础条件等因素，在鲜活农产品主产区、特色农产品优势区和贫困地区统筹推进农产品产地仓储保鲜冷链设施建设。优先支持扶贫带动能力强、发展潜力大且运营产地市场的新型农业经营主体。

2）市场运作、政府引导。充分发挥市场配置资源的决定性作用，坚持投资主体多元化、运作方式市场化，提升设施利用效率。政府要发挥引导作用，通过财政补助、金融支持、发行专项债等政策，采用先建后补、以奖代补等形式，带动社会资本参与建设。

3）科技支持、融合发展。坚持改造与新建并举，推动应用先进技术设备，鼓励利用现代信息手段，构建产地市场信息大数据，发展电子商务等新业态。促进产地市场与消费需求相适应，融入一体化仓储保鲜冷链物流体系，形成可持续发展机制。

4）规范实施、注重效益。立足各地实际，规范实施过程，完善标准体系，提升管理和服务水平。在市场化运作的基础上，完善带农惠农机制，提升鲜活农产品应急保障能力，确保运得出、供得上。

2. 建设内容

新型农业经营主体根据实际需求选择建设设施类型和规模，在产业重点镇和中心村鼓励引导设施建设向田头市场聚集，可按照"田头市场＋新型农业经营主体＋农户"的模式，开展仓储保鲜冷链设施建设。

1）节能型通风贮藏库。在马铃薯、甘薯、山药、大白菜、胡萝卜、生姜等耐贮型农产品主产区，充分利用自然冷源，因地制宜建设地下、半地下贮藏窖或地上通风贮藏库，采用自然通风和机械通风相结合的方式保持适宜贮藏温度。

2）节能型机械冷库。在果蔬主产区，根据贮藏规模、自然气候和地质条件等，采用土建式或组装式建筑结构，配备机械制冷设备，新建保温隔热性能良好、低温环境适宜的冷库；也可对闲置的房屋、厂房、窑洞等进行保温隔热改造，安装机械制冷设备，改建为冷库。

3）节能型气调贮藏库。在苹果、梨、香蕉和蒜苗等呼吸跃变型果蔬主产区，建设气密性较高、可调节气体浓度和组分的气调贮藏库，配备碳分子筛制氮机、中空纤维膜制氮机、乙烯脱除器等专用气调设备，对商品附加值较高的产品进行气调贮藏。

根据产品特性、市场和储运的实际需要，规模较大的仓储保鲜冷链设施，可配套建设强制通风预冷、差压预冷或真空预冷等专用预冷设施，并配备必要的称量、除土、清洗、分级、愈伤、检测、干制、包装、移动式皮带输送、信息采集等设备以及立体式货架。

3. 组织实施

按照自主建设、定额补助、先建后补的程序，支持新型农业经营主体新建或改扩建农产品仓储保鲜冷链设施。各地要完善工作流程，确保公开公平公正。推行从申请、审核、公示到补助发放的全过程线上管理。

1）编制实施方案。各省（区、市）农业农村部门应细化编制实施方案，做到思路清晰，目标明确，重点突出，措施有效，数据翔实。具体包括以下内容：基本情况、思路目标、空间布局、建设内容、实施主体、资金支持、进度安排、保障措施及其他。省级农业农村部门要会同相关部门制定发布本地区农产品仓储保鲜冷链设施建设实施方案、技术方案、补助控制标准、操作程序、投诉咨询方式、违规查处结果等重点信息，开展农产品仓储保鲜冷链设施建设延伸绩效管理，并报送工作总结和绩效自评报告。

2）组织申报建设。新型农业经营主体通过农业农村部新型农业经营主体信息直报系统申报或农业农村部重点农产品市场信息平台申报建设仓储保鲜冷链设施。申请主体按规定提交申请资料，对真实性、完整性和有效性负责，并承担相关法律责任。县级农业农村部门要严格过程审核，公示实施主体，对未通过审校的主体及时给予反馈。实施主体按照各地技术方案要求，自主选择具有专业资格和良好信誉的施工单位开展建设，采购符合标准的设施设备，承担相应的责任义务，对建设的仓储保鲜冷链设施拥有所有权，可自主使用、依法依规处置。设施建设、设备购置等事项须全程留痕。

3）组织开展验收工作。新型农业经营主体完成仓储保鲜冷链设施建设后向县级农业农村部门提出验收申请，县级农业农村部门会同相关部门，邀请相关技术专家进行验收。验收合格后向实施主体兑付补助资金，并公示全县仓储保鲜冷链设施补助发放情况。

4）强化监督调度。各地农业农村部门建立健全仓储保鲜冷链设施建设管理制度，加强实施过程监督、定期调度，发布资金使用进度，根据实施进展及时开展现场督查指导。充分发挥专家和第三方作用，加强督导评估，强化政策实施全程监管。

工作页

任务单

1. 工作任务描述

大鳌镇隶属广东省江门市新会区，地处新会区东南端，东与中山市横栏镇隔江为邻，南望珠海市斗门区，西接睦洲镇，北与江海区外海镇隔江相望，行政区域面积为 $52.51km^2$。

大鳌镇种植的农作物以水稻为主，渔业以养殖业为主，主要为南美白对虾、罗氏沼虾、鳜鱼、鲈鱼等水产品。

飞扬农场的业务内容包括旅游项目及基础设施建设项目的投资及管理；旅游配套服务，旅游商品开发、销售；农业产品生产、销售、加工；农业生态园林景观管理等。企业的负责人联系到农村电商产业园的直播创业团队，希望通过直播的方式提高大鳌镇驰名农产品莲藕和马蹄的销量。

莲藕

45

马蹄

产品信息表

序号	所属乡镇	企业名称	产品名称	产品图片	产品规格	产品简介	市场价格	直播间价格	份数	是否参与抽奖或秒杀	其他情况（包邮等）	快递
1	大鳌镇	飞扬农场	莲藕		5kg/箱	莲藕肉质细，淀粉含量高，富含多种维生素，清甜可口，有一定的清热解暑、降血糖等功效，烹调方法炒、煲均可	50元/箱	29.8元/箱	20	否	不包邮，建议自提	邮政快递
2	大鳌镇	飞扬农场	马蹄		2.5kg/箱	马蹄一年一熟，品种属于"脆蹄"，含有丰富的B族维生素和维生素C、植物蛋白、磷脂，可以生吃、熟吃，不仅可以当水果，还可以当蔬菜，是很多人喜欢的养生时令食品。马蹄还具有生津止渴、清热去湿解毒的功效，当地村民常把马蹄磨成粉来食用	42元/箱	28元/箱	50	否	不包邮，建议自提	邮政快递

2. 工作任务要求

过程要求	质量要求
农村电商产业园的直播创业团队收到直播推广任务后，根据直播的目标和要求，分析农产品用户画像、公司的实际情况，明确直播的渠道、内容，制订直播计划并撰写直播活动策划书；向运营总监汇报方案情况，做出策划方案；完成直播脚本编写、资源准备、场景布置、直播预告等，在直播间完成60min的全流程单品直播销售；直播活动结束后，及时跟进售后问题并进行直播活动复盘，撰写分析报告上报运营总监。完整的直播流程要求在12个学时内完成	农产品直播需严格遵守《中华人民共和国电子商务法》《中华人民共和国广告法》《中华人民共和国产品质量法》《互联网直播服务管理规定》、平台活动规则及产业园的管理制度等

　　课前、课中和课后工作页请参考本书配套资源。

农产品多品直播——双水镇甘蔗、腊味产品直播

情境引入

　　双水镇隶属广东省江门市新会区，地处新会区西南部，下辖 37 个村和 3 个社区，行政区域面积为 207.44km²，是知名"侨乡"，旅居港澳台同胞及海外侨胞近十万人。

　　双水镇拥有将军山、张将军家庙、奎阁、大圣庙等旅游景点和醒狮武术、山地风筝、蕉树龙、小冈香制作技艺等传统民间文化艺术。

双水镇俯瞰

　　近年来，乡村振兴的秀美画卷正在双水镇徐徐铺开——豪山村，蟠龙浮雕石华表耸立，名将张其光流芳至今；上凌村，圣寺晨钟暮鼓，山间姹紫嫣红；萌头村，花木锦簇环绕，墙绘赏心悦目；田心村，牛肉鲜嫩爽口，腊肉晶莹醇香，游客纷至沓来……

　　双水镇以创建省级全域旅游示范区为契机，高标准打造了以省道 S271 为中轴线，具有世界香都、党建高地、甜美乡村、特首故里 4 个示范点的区级乡村振兴示范带。同时，加快建设巴贝高亲子旅游、梁凤仪文学馆、龙脊碧道等文旅项目，全力打造一批"网红点"，以点带面辐射推动乡村全域美丽、全面振兴。

　　双水镇深化乡村文旅融合，大力发展特色产业。例如，推动桥美黄皮果蔗、田心牛肉、沙路河鲜等特色农业品牌产业化、市场化，力促小冈香制作技艺成功申报国家级非物质文化遗产。

职业素养

　　直播员岗位的安全素养涉及多个方面，包括但不限于遵守法律法规、维护网络安全、保

护个人和他人隐私，以及提供健康、积极的直播内容。以下是一些关键点：

1. 遵守法律法规

直播员应自觉遵守国家法律法规，维护国家利益和公共利益，接受行业主管部门的监管和社会监督。

2. 实名制和身份验证

直播员应遵守网络实名制注册账号的相关规定，提供真实有效的身份信息进行实名注册，并规范使用账号名称。

3. 内容审核

直播员应确保直播内容不包含违法、违规、暴力、色情等不适宜的内容。直播平台通常采用自动化审核技术和人工审核相结合的方式进行内容审核。

4. 用户教育和引导

通过用户教育和引导，提高用户的安全意识和自我保护能力，向用户传达正确的网络行为准则和安全知识，引导用户文明、理性地参与直播。

5. 着装和举止规范

直播员在直播时应衣着得体，不得穿着暴露或带有性暗示的服装，举止文明，不得做出低俗诱惑动作或姿势。

6. 直播培训

对于需要较高专业水平的直播内容，直播员应取得相应执业资质，并向直播平台进行执业资质报备，直播平台应对直播员进行资质审核及备案。

直播员应定期参加相关安全培训，提高自身的安全防范意识，确保直播过程中的安全。同时，直播员应加强学习，掌握从事主播工作必需的知识和技能，对于专业领域的直播内容，应具备相应的专业水平和资质。

知识与技能

一、标准直播间设备清单

标准直播间设备清单

设备名称	图片	设备名称	图片
摄像头		三脚支架	

（续）

设备名称	图片	设备名称	图片
补光灯套装		美颜灯 /LED 补光灯	
手机支架		计算机主机	
计算机显示器		键盘、鼠标	
电视		电视 HDMI 线	
电视支架		主播桌子	
中控桌子		主播座椅	
中控座椅		路由器	

（续）

设备名称	图片	设备名称	图片
充电宝		背景板/KT板	
麦克风		落地直播手机支架	

二、直播间的场景布置

1. 室内直播场地的规划

常见的室内直播场地有办公室、会议室、直播室、工作室、线下门店、住所等。

在工作室内直播

在住所内直播

（1）直播场地要求

1）空间适宜。室内直播场地应空间适宜，场地面积根据直播的内容进行调整，个人主播场地面积一般为8~15m²，团队直播场地面积一般为20~40m²。

2）环境安静。室内直播场地的隔音效果要好，避免杂音的干扰；有较好的收音效果，避免在直播中产生回音。

3）光线充足。室内直播场地的自然光要充足，保证直播的真实感和美观度。

（2）直播背景类型

1）纯色背景。纯色背景是很简单的一种背景布置方式，颜色一般以浅色为主，常用墙纸或幕布搭建，可以带给用户自然的观看感受。纯色背景常见于服装类直播。

纯色背景

51

2）品牌 Logo 背景。以品牌 Logo 布置直播间的背景比较直观简洁，可以增强品牌效应，适用于多数直播场景。

3）商品摆放背景。这类背景布置一般是将商品置于展示柜进行展示，具有较强的营销目的，是十分常见的一种背景布置方式。

4）与直播商品匹配的特色背景。这类背景的应用需要挖掘商品的特色，在背景中融入与直播主题或直播商品相关的特色元素。

品牌 Logo 背景　　　　商品摆放背景　　　　与直播商品匹配的特色背景

2. 使用直播推流软件设置虚拟背景

（1）进入"添加素材"界面　打开抖音直播伴侣，使用抖音 APP 扫码登录账号。在抖音直播伴侣主界面单击"添加直播画面"按钮，直播画面的来源可以是摄像头、计算机桌面或手机的画面。打开"添加素材"对话框，选择"投屏（Android）"选项。

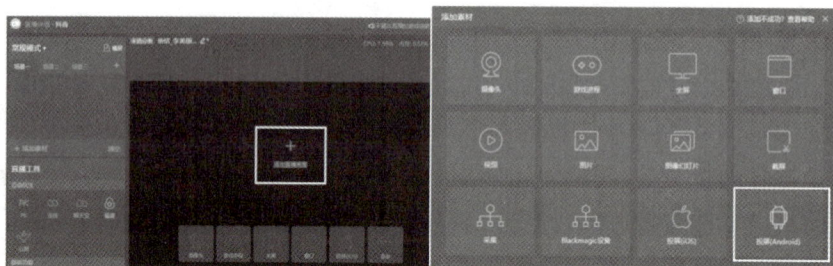

开始投屏

（2）设置投屏　打开"安卓投屏"对话框，单击"无线投屏"按钮，"解码方式""投屏分辨率""投屏帧数"均保持默认设置。根据"连接指引"栏中的提示，在抖音 APP 上进行操作，完成后单击"开始投屏"按钮。

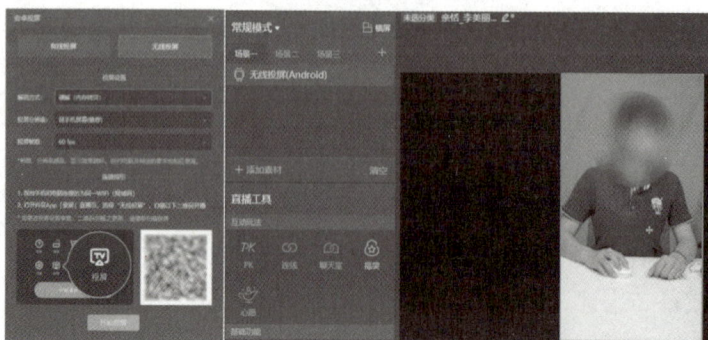

设置投屏

（3）设置图片背景　单击主界面左侧面板中的"添加素材"按钮，打开"添加素材"对话框，选择"图片"选项。在"打开"对话框中选择背景图，单击"打开"按钮。将图片添加到手机投屏屏幕后，单击鼠标右键，在弹出的快捷菜单中选择"排序"→"下移"命令，将该图片设置为直播间的背景图。

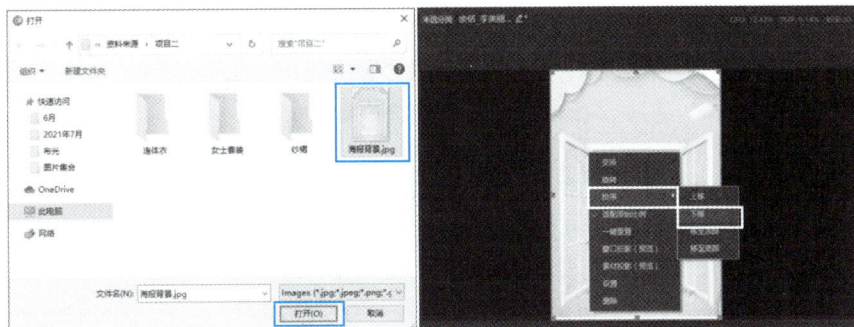

设置图片背景

3. 直播中商品和宣传物料的摆放技巧

（1）商品的摆放　商品是直播活动中的"主角"之一，对于小件商品，可以将其摆放在主播正对的陈列台或陈列桌上，让用户一进入直播间便可了解商品；针对包装可拆的商品，可以将包装拆开，直观地展示商品的细节；对于稍大的商品，可以将其陈列在主播身后或两侧。

食品和化妆品的摆放　　　　　服装的摆放

商品的摆放

（2）宣传物料的摆放　宣传物料的类型比较丰富，包括黑板、白板电子屏、宣传海报、贴纸、胸卡、气球等一系列用于展示文字、图片信息的道具。

黑板的摆放　　　　电子屏与贴纸的摆放　　　　宣传海报的摆放

宣传物料的摆放

三、直播间的灯光布置

1. 直播间常用的灯光类型

按照灯光的作用，直播间的灯光类型可以分为主光、辅光、顶光和轮廓光等。不同类型的灯光可以搭配同一型号的灯，摆放在不同的位置，通过调整亮度、色温等参数营造出不同的光线效果。

直播间常用的灯光类型

（1）主光　主光是直播间的基本光源，在直播过程中，主光通常由柔光灯箱发出，这种类型的光线比较均匀，主要用于照亮拍摄对象（人或物品）的轮廓，并突出其主要特征。

（2）辅光　辅光也称为辅助光，其作用是对主光没有照射到的拍摄对象的阴影部分进行光线补充，使用户能够看清楚拍摄对象的全貌。辅光通常放置在主光两侧。

（3）顶光　顶光从主播头顶上方的位置照射，距离主播一般不超过2m。顶光可以给背景和地面增加照明，同时有利于突出主播轮廓造型，起到瘦脸的作用。

（4）轮廓光　轮廓光又称侧逆光，通常用于分离人物与人物、人物与背景，以此增强视频画面的空间感。轮廓光通常采用直射光，一般从主播的侧后方进行照射，勾勒出主播清晰且明亮的轮廓形状。

2. 直播间布光方案及配置操作

（1）三灯方案　设置一个主光灯和两个辅光灯，主光灯采用环形补光灯，辅光灯采用65W左右的单色温LED灯。该方案适用于10m^{2}左右的室内直播场地，可用于服装、美妆、珠宝、美食、课程等直播场景，个人主播大多采用这种布光方案。

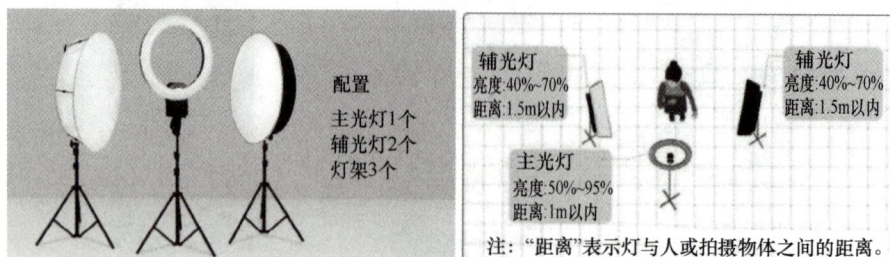

三灯方案

（2）四灯方案一　设置一个主光灯、两个辅光灯和一个顶光灯，都采用 LED 灯，主光灯采用双色温冷暖 24W 左右的环形补光灯，辅光灯、顶光灯都采用双色温 100W 左右的平面补光灯。该方案适用于 15m² 以内的室内直播场地，可用于主播动作较小的直播场景。

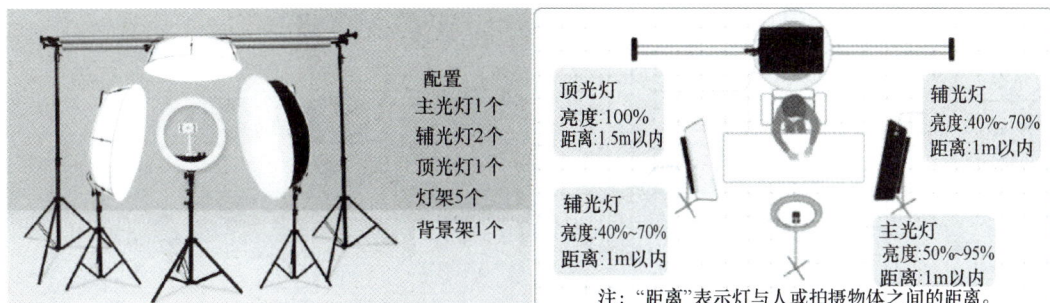

配置
主光灯1个
辅光灯2个
顶光灯1个
灯架5个
背景架1个

顶光灯
亮度:100%
距离:1.5m以内

辅光灯
亮度:40%~70%
距离:1m以内

辅光灯
亮度:40%~70%
距离:1m以内

主光灯
亮度:50%~95%
距离:1m以内

注："距离"表示灯与人或拍摄物体之间的距离。

四灯方案一

（3）四灯方案二　设置一个主光灯、一个辅光灯、一个轮廓光灯和一个顶光灯，都采用 LED 灯，主光灯采用双色温冷暖 48W 左右的环形补光灯，辅光灯和顶光灯都采用双色温 200W 左右的平面补光灯，轮廓光灯采用可调焦 28W 左右的聚光灯，将顶光灯固定在背景架上。该方案适用于 10~20m² 的室内直播场地，可用于主播动作较小的直播场景。

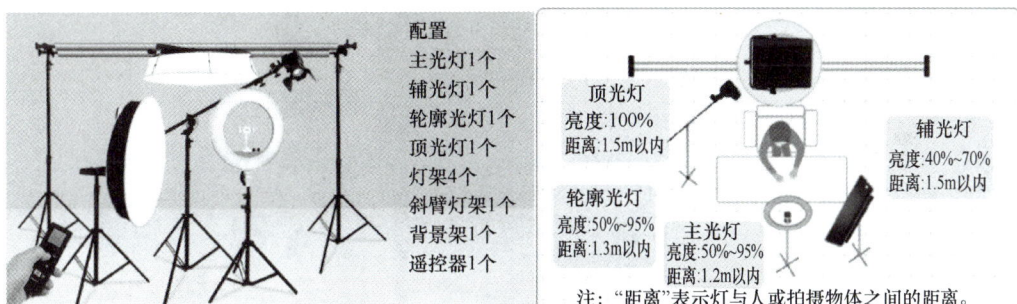

配置
主光灯1个
辅光灯1个
轮廓光灯1个
顶光灯1个
灯架4个
斜臂灯架1个
背景架1个
遥控器1个

顶光灯
亮度:100%
距离:1.5m以内

辅光灯
亮度:40%~70%
距离:1.5m以内

轮廓光灯
亮度:50%~95%
距离:1.3m以内

主光灯
亮度:50%~95%
距离:1.2m以内

注："距离"表示灯与人或拍摄物体之间的距离。

四灯方案二

（4）四灯方案三　设置一个主光灯、一个辅光灯、一个轮廓光灯和一个顶光灯，灯光配置情况与四灯方案二类似，不同的是顶光灯和辅光灯都采用单脚架放置。该方案适用于 10~20m² 的室内直播场地，可用于主播动作较大的直播场景。

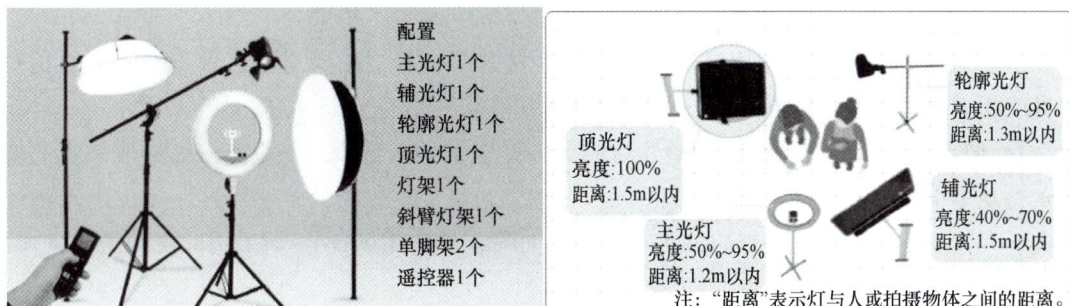

配置
主光灯1个
辅光灯1个
轮廓光灯1个
顶光灯1个
灯架1个
斜臂灯架1个
单脚架2个
遥控器1个

轮廓光灯
亮度:50%~95%
距离:1.3m以内

顶光灯
亮度:100%
距离:1.5m以内

主光灯
亮度:50%~95%
距离:1.2m以内

辅光灯
亮度:40%~70%
距离:1.5m以内

注："距离"表示灯与人或拍摄物体之间的距离。

四灯方案三

（5）五灯方案一　设置一个主光灯、两个辅光灯和两个顶光灯，都采用 LED 灯，主光灯采用双色温冷暖 48W 左右的环形补光灯，辅光灯、顶光灯都采用双色温 200W 左右的平面补光灯，两个顶光灯都固定在背景架上。该方案适用于 15~30m² 的室内直播场地，可用于主播动作较大的直播场景。

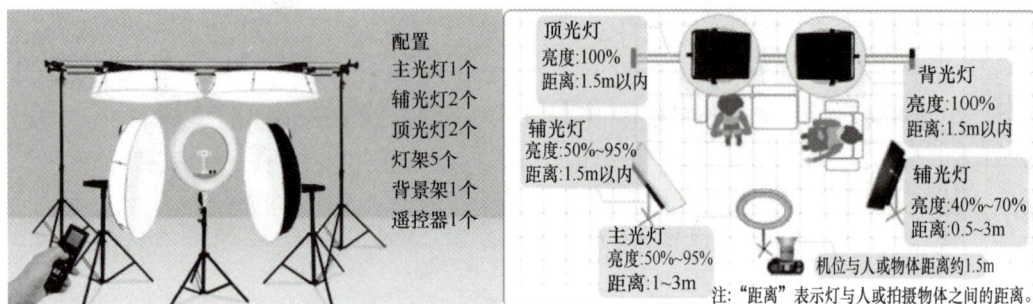

五灯方案一

（6）五灯方案二　设置一个主光灯、两个辅光灯和两个顶光灯，都采用 LED 灯，布光位置与五灯方案一完全相同，不同的是顶光灯和辅光灯都采用单脚架放置。该方案适用于 15~30m² 的室内直播场地，可用于主播动作较大的直播场景。

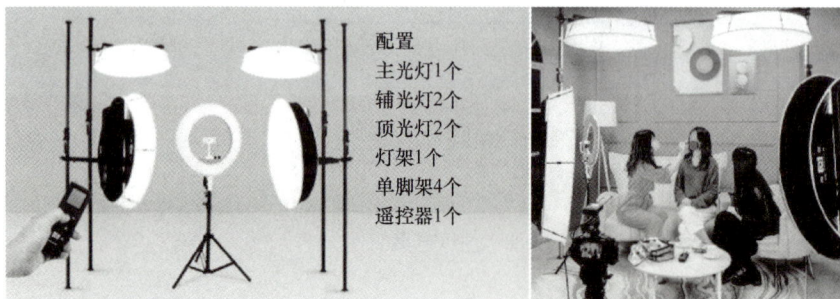

五灯方案二

3. 设置直播拍摄最佳角度

（1）调整拍摄高度　拍摄高度是指拍摄器材的镜头与被拍摄对象在垂直平面上的相对位置或相对高度。不同拍摄方式下的拍摄高度不同。

1）仰视拍摄。仰视拍摄时拍摄器材的镜头低于被拍摄对象，与垂直平面形成一定的仰视角，从下向上拍摄。被拍摄对象将形成"上窄下宽"的效果，能够很好地体现出景物的高大、人物身材的高挑。主播以站姿直播时（如服装类直播场景），会采用仰视拍摄的方式，以衬托主播高挑修长的身材。

景观仰视拍摄和主播仰视拍摄

2）平视拍摄。平视拍摄时拍摄器材的镜头与被拍摄对象在同一水平线上，是人们日常最常采用的拍摄方式。主播以坐姿直播时一般会采用平视拍摄的方式，同时会通过从侧面打主光、侧脸拍摄等方法使人物的五官更具立体感。

3）俯视拍摄。俯视拍摄与仰视拍摄相反，拍摄器材的镜头高于被拍摄对象，与垂直平面形成一定的俯视角，从上往下拍摄。俯视拍摄适合表现场景规模的宏大，俯视角变大，俯视范围随之变大，视野也会变得更加开阔。室外直播时（如户外旅行直播场景），俯视拍摄方式运用较多。

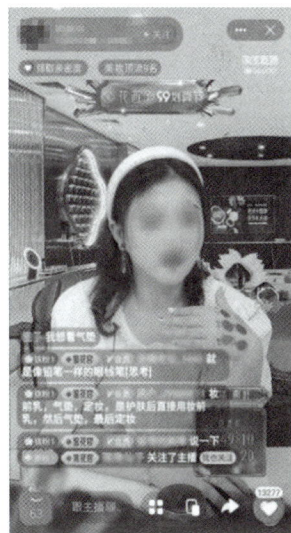

主播平视拍摄效果

（2）拍摄方向

1）正面。正面拍摄方向是指与被拍摄对象正对的拍摄方向，用于表现被拍摄对象的正面形象特征。

2）侧面。侧面拍摄方向是指与被拍摄对象侧面垂直的拍摄方向，包括正左方和正右方。

3）斜侧。斜侧拍摄方向是指偏离正面拍摄方向，或左、或右环绕对象移动到侧面角度的拍摄方向。

4）背面。背面拍摄方向与正面拍摄方向相反，是指与被拍摄对象背对的拍摄方向。

工作页

任务单

1. 工作任务描述

飞扬农场是一家位于江门市新会区双水镇田心村的肉制品加工企业。该企业的产品凭借出色的口味与过硬的品质，深受各地消费者欢迎，可谓有口皆碑。

双水镇田心村的腊鸭

飞扬农场作为田心村发展比较快的个体工商户，创立了腊味品牌，想乘着电商直播的东风，打开网销的渠道，因而联系到农村电商产业园，提供了相关腊味商品的信息和双水镇特色农产品甘蔗的信息，希望通过参与"一镇一业"的活动，借助直播创业团队的力量，打开品牌的网销之路。

品牌腊味

甘蔗

产品信息表

序号	所属乡镇	企业名称	产品名称	产品图片	产品规格	产品简介	市场价格	直播间价格	份数	是否参与抽奖或秒杀	其他情况（包邮等）	快递
1	双水镇	飞扬农场	腊鸭腿		2只/包	腿是盐腌、风干后的腊鸭的鸭腿，是腊鸭身上最美味的部位。鸭肉是我国八大菜系的重要原料之一，它的营养价值和鸡肉相当，可是味道却比鸡肉更为鲜美，肉质也更为紧致有嚼劲。在中医看来，鸭子生活在水中，且以水生生物为食，所以鸭肉肉味甘性寒，具有滋补养胃，消除水肿、止咳化痰等功效。大便干结的人适宜食用鸭肉。此外，鸭肉含有大量的烟酸、蛋白质，对人体有很多好处	40元	30元	20	否	不包邮、建议自提	邮政快递
2	双水镇	飞扬农场	广式腊鸭		一只/包	腊鸭是用盐腌制后，在阳光下曝晒风干而成的，留有鸭肉的原味，咸香浓郁，肥而不腻，是滋阴、降火、润燥之物，还有养胃、利水消肿、补虚养身的功效。腊鸭有多种做法，可用干焗做法、炒芥蓝或蒜苗，也可焖萝卜或大白菜，用来煲汤和粥时则多选鸭头头颈、掌翼部位。因其鸭肉多又咸味十足	120元	100元	20	否	不包邮、建议自提	邮政快递
3	双水镇	飞扬农场	广式腊肠		500g/包	广式腊肠是将瘦肉相绞、肥膘切丁后，配以辅料，灌入天然肠衣或人工较多的蔗糖而成的；由于制作广式腊肠时加入了较多的蔗糖和高度白酒，加之高热高湿的制作环境，使广式腊肠形成了独特风味	80元	70元	50	否	不包邮、建议自提	邮政快递
4	双水镇	飞扬农场	广式鸭肝腊肠		500g/包	广式鸭肝腊肠是当地人十分喜爱的特色美食，制作时遵循传统做法。成品口感丝滑可口，肉质爽滑可口，香味独特，鸭肝为鸭肉杂之一，具有营养保健功效，能够促进补血	60元	50元	50	否	不包邮、建议自提	邮政快递
5	双水镇	飞扬农场	甘蔗		2.5kg/包	甘蔗是温带和热带地区作物。是制造蔗糖的原料。甘蔗中含有丰富的各种维生素、脂肪、蛋白质、水分，还含有对人体新陈代谢非常有益的糖分，有机酸、钙、铁等物质，其表皮多为紫色和绿色，也有红色和褐色，但比较少见。乙醇作为能源替代品之一	50元	38.8元	50	否	不包邮、建议自提	邮政快递

2. 工作任务要求

过程要求	质量要求
农村电商产业园的直播创业团队收到直播推广任务后，根据直播的目标和要求，分析农产品用户画像及农场的实际情况，明确直播的渠道、内容，制订直播计划并撰写直播活动策划书；向运营总监汇报方案情况，做出策划方案；完成直播脚本编写、资源准备、场景布置、直播预告等，在直播间完成 60min 的全流程单品直播销售；直播活动结束后，及时跟进售后问题并进行直播活动复盘，撰写分析报告上报运营总监。完整的直播流程要求在 10 个学时内完成	农产品直播需严格遵守《中华人民共和国电子商务法》《中华人民共和国广告法》《中华人民共和国产品质量法》《互联网直播服务管理规定》、平台活动规则及产业园的管理制度等

　　课前、课中和课后工作页请参考本书配套资源。

微任务 5

农产品多品直播——崖门镇富硒农产品直播

情境引入

　　崖门镇位于广东省江门市新会区，地处粤港澳大湾区重点发展区域，依山傍海，这里是有着近千年历史的南粤历史文化名镇，宋元文化在这里生生不息；这里是国家非物质文化遗产——蔡李佛拳的发源地，百年蔡李佛、千万弟子薪火相传；这里是通江达海、腹地广阔的大湾区滨海小镇，既能阅尽繁华，也可独享静谧。

　　崖门镇始终坚持把党建引领作为推动乡村振兴的"红色引擎"，把基层党建融入乡村振兴各环节、全链条，激活乡村发展"红色引擎"，以高质量党建助力乡村振兴，精准对接发展所需、基层所盼、民心所向，实现全面振兴高质量蝶变。崖门镇及下辖行政村先后获评全国百佳旅游目的地、全国十大美丽乡村、全国乡村治理示范村等荣誉称号。

崖门镇俯瞰

　　近年来，崖门镇重点打造了坑口格木侨情、水背采茶扑蝶、仙洞文化古墟、南合绿野仙踪、京梅狮王争霸、明苹兰苹集市、甜水赛龙夺锦、渔港江枫渔火、田边丹凤朝阳等一批精品乡村；高品质打造"魅力崖门"风貌示范带，主干道"一墙一风景"，精品村"步步新景象"。此外，该镇高水平建设"一主四副"街区，蔡李佛文化街区商机迸发，渔港"小厦门"街区风情万种，仙洞古墟文化街区生机盎然，京梅侨青创业街区精品荟萃，古兜美食街区魅力四射。

　　如今，崖门镇全域旅游精彩纷呈，"全景式"打造研学游线路，"全产业"建设文旅综合项目，"全时段"发展四季节庆，全镇旅游发展欣欣向荣。

崖门镇的产业平台发展也正深入推进，蔡李佛文创产品畅销全球，富硒农产品共享超市深受顾客青睐，崖门镇三大商会助力共享"同心店"。当地农产品也不断做大做强，甜水萝卜登上《人民日报》，红遍天下；富硒产业园推动升级为省级富硒农业产业示范基地，全镇乡村产业商机迸发。

职业素养

抖音直播规则是为了加强直播内容的管理、弘扬社会主义核心价值观、营造清朗的网络空间而制订的。根据抖音官方直播行为规范的规定，主播在平台内外均应遵守相关法律法规、部门规章、规范性文件、行业公约的规定，以及平台规则，坚持正确的价值导向，传递社会正能量，保证直播及互动环境绿色、健康、文明、有序。

主播在直播中不得有以下行为：

1）组织、宣传、诱导用户加入传销或有传销嫌疑的组织/机构。

2）未成年人直播，黑名单主播直播，冒充平台官方及/或平台工作人员开播，非实名认证本人开播，代开直播，借号直播。

3）展示、宣扬宗教极端主义内容，在直播中传教、吸纳信徒、加入宗教/教会。

4）实施欺诈（或疑似欺诈）等行为。

5）侮辱、恶搞、歪曲、丑化国旗、国歌、国徽、人民币、军旗、军歌、军徽等具有特殊含义的象征、标志、音效。

6）含有盗掘、破坏古文化遗址、古墓葬，或者宣传、介绍盗掘、破坏古文化遗址、古墓葬的内容。

7）胁迫、诱导未成年用户进行打赏/消费、私下交易。

8）借国家重大活动、重大纪念日等事件或党和国家机关及其工作人员名义等开展直播或商业宣传。

9）恶意炒作、博眼球、蹭热点，包括但不限于以卖惨、出轨、家暴、炫富、引战、恶搞、虐待、吵架等剧本炒作或通过刻意制造夸张、怪异、猎奇噱头等方式。

10）含有侵犯未成年人合法权益、危害未成年人身心健康、传递未成年人违法违规不良导向的内容。

对于违规行为，平台会根据情节严重程度给予相应的处罚，包括但不限于警告、断播、封禁开播权限、限制使用连线/PK/OBS/商品分享等部分或全部账号权限/功能，以及永久封禁账号等。主播应确保参与直播活动的嘉宾的相关行为符合规范要求，并对嘉宾行为负责。

此外，主播在直播中应避免使用违禁词，不得进行口头抽奖、挂微信号、传播负面内容、长时间离开直播间、谈论两性话题等违规行为。封面图应避免使用非本人图像、着装暴露或低俗、不清晰的图片等。

知识与技能

一、抖音电商准入条件

1. 商家资质

1）营业执照。

2）食品经营许可证（食品企业）。

3）品牌证书和授权书（经营品牌商品）。

2. 产品资质

1）质检报告（具有 CMA 或 SC 标识）。

2）产品标签（信息齐全，符合相关规范）。

3）品牌证书和授权书。

二、抖音电商的基本评分体系

1. 抖音店铺评分标准

抖音小店店铺体验分为三个维度：商品体验分、物流体验分和服务体验分。

（1）商品体验分　商品体验分占抖音小店店铺总体验分的50%，主要由商品的差评率和退货率构成，是比较重要的一部分。

（2）物流体验分　物流体验分占抖音小店店铺总体验分的15%。主要由揽收及时率和订单配送时长构成，其占比虽然不高，但是不好把控。

（3）服务体验分　服务体验分占抖音小店店铺总体验分的35%，主要由投诉率、纠纷商责率、退货退款自主完结时长、仅退款自主完结时长和飞鸽3min回复率构成。

2. 抖音店铺评分等级

根据抖音小店评分规则，分为五个评分等级，具体如下：

1）S 级：95 分及以上。

2）A 级：90~94 分。

3）B 级：80~89 分。

4）C 级：70~79 分。

5）D 级：69 分及以下。

其中，S级和A级的卖家会出现在搜索列表中排名靠前的位置，曝光量相对较高；B级、C级和D级的卖家则会出现在搜索列表中排名靠后的位置，曝光量相对较低。因此，抖音小店商家应该尽可能提高评分，以提高店铺排名和曝光量。

3. 评分规则

（1）评分周期　抖音小店的评分周期为一个月。每月1日的00：00：00，系统将自动统计上个月的评分情况。

（2）评分方式　在交易完成后，买家可对商品进行评价，分为好评、中评、差评。其中，好评为3分，中评为1分，差评为0分。

（3）权重规则　对于同一笔交易，买家只能评价一次，每笔交易的评分均会计入评分系统中。其中，产品质量占40%的权重，发货速度占30%的权重，服务态度占20%的权重，交易体验占10%的权重。

（4）保留评分　买家发生退款、退货、返修等情况时，评分仍会保留在系统中。

（5）评分关联　商家的评分会关联到他所有的店铺中，而非仅仅针对某一家店铺。因此，每个店铺的评分都会影响整体评分。

三、入驻抖音小店流程

第一步：登录后台

打开计算机浏览器，搜索"抖音商家后台"，单击"立即开店体验"按钮。

抖音商家后台界面

建议使用手机登录方式。

手机登录

第二步：提交资料

1. 选择主体类型

国内用户可选择个人身份、个体工商户、企业/公司。

选择主体类型

（1）企业/公司　企业可以申请企业店、专营店、专卖店、旗舰店、官方旗舰店这5种类型的店铺。

1）企业店：企业店是由企业自己开设，承担商品销售、售后服务、品牌宣传等职能的正规销售渠道，可不上传品牌资质，可经营一个或多个自有/授权品牌，需完整品牌或经销授权。

2）专营店：专营店是指某一个品牌的官方授权经营店，仅经营该品牌的产品，可经营两个或多个自有/授权品牌，需三级以内级品牌授权或经销授权。

3）专卖店：专卖店是指经销商获得某一品牌独占经销权，在特定区域内经营该品牌的店铺，可经营一个或多个自有/授权品牌，需二级以内级品牌授权。

4）旗舰店：旗舰店是指品牌在电商平台上的主打销售店铺，可经营一个或多个自有/授权品牌，需一级独占品牌授权。

5）官方旗舰店：官方旗舰店是品牌方在电商平台上的官方店铺，可经营一个或多个自有/授权品牌，需一级独占品牌授权且授权明确可开通"官方旗舰店"字样。

（2）个体工商户　个体工商户只能申请个体店，在入驻时可不上传品牌资质，可经营一个或多个自有/授权品牌，需完整品牌或经销授权。

（3）个人身份　从2023年3月1日起，抖音电商出了两项新政策：个人身份可以入驻抖音小店；0元入驻抖音小店（0元入驻是指平台允许部分新商家先不缴纳保证金，直接入驻抖店，进行试运营，店铺产生交易后，通过货款逐步充值保证金）。

以个人身份入驻抖音小店的好处如下：

1）低门槛入驻。对于新手商家或资金有限的创业者来说，0元入驻大大降低了开店的初始成本。商家无须缴纳保证金即可入驻抖音小店，开始试运营。

2）试运营机会。0元入驻为商家提供了一个试运营的通道，商家可以在不确定自身产品是否适合在抖音平台销售的情况下，先进行小规模的运营尝试。

3）流量扶持。抖音电商为0元入驻的商家提供了一定的流量扶持，帮助新手商家在初期获得更多的曝光机会。

4）减少资金压力。通过货款逐步充值保证金的方式，商家在前期可以将有限的资金用于其他运营环节，如产品采购、推广等。

但个人开店存在很多限制：

1）功能限制。0元入驻的店铺在功能上会受到限制，例如，无法享受优先推荐、无法参与平台活动等，这会影响店铺的曝光度和销售机会。

2）商品发布限制。0元入驻的个人店发布商品数量的上限是100个，这限制了商家的商品种类和运营灵活性。

3）资金回流慢。个人店每月只能提现一次，且账单结算周期为20天后，这会导致资金回流时间较长，影响商家的资金周转。

4）经营类目受限。0元入驻的个人店可选择的经营类目较少，一些热门或高利润的类目可能无法经营。

5）无法使用平台补贴和优惠工具。0元入驻的个人店不能使用平台的补贴和优惠券等促销工具，也无法参加平台的重大活动（如618、双十一等），这会直接影响店铺的转化率。

6）自然流量有限。0元入驻的个人店只能依靠自然流量出单，无法通过短视频带货或精选联盟等方式获取更多流量，这对新手商家来说操作难度较大。

7）品牌受限。个人店无法上架品牌商品，这可能会导致商品在市场竞争中处于劣势，容易被投诉或打假。

2. 填写主体信息

提供三证合一的营业执照原件、扫描件或加盖公司公章的营业执照复印件；提供法定代表人或经营人身份证照片正反面；提供法定代表人或经营人手持身份证的照片；提供银行账户名称、开户行和账号等资料。

第三步：平台审核

以上信息填写完成之后，即可进入平台审核阶段。

1）资料审核结果会以短信的形式，发送到注册店铺的手机号上。

2）平台资料审核时长在1~3个工作日。

第四步：账户验证

资料审核完成后，进行账户验证阶段。目前支持两种验证方式：实名认证与打款认证。个体工商户默认采用实名认证，企业支持实名认证与打款认证二选一。

第五步：缴纳保证金

平台审核通过之后，就会进入缴纳保证金的阶段，目前开通抖音小店必须缴纳保证金，不同类目、不同主体对应的保证金金额也不同，由店铺主体资质类型和经营类目决定。

1）基础保证金。基础保证金是由店铺主体类型和经营类目共同决定的。

① 个人店：保证金最低为2000元，具体金额根据经营类目而定。

② 个体店：保证金最低为2000元，不同类目的保证金金额不同。

③ 企业店：保证金最低为4000元，具体金额根据经营类目而定。

不同类目有不同的保证金要求。例如，服装类目个体店需缴纳 2000 元，企业店需缴纳 4000 元。若店铺经营多个类目，平台按照取高原则收取保证金。部分特殊类目（如冬虫夏草、名家字画等）有更高的保证金要求。

2）浮动保证金。浮动保证金是由店铺近 30 日在线支付订单的销售情况决定的，主要规定如下：

① 计算方式：平台以自然日为单位，每月 1 号根据店铺过去一个月的支付 GMV 计算浮动保证金应缴金额。

② 调整原则：商家只需在基础保证金和浮动保证金中取较高金额缴存。

3）货到付款保证金。货到付款保证金是针对提供货到付款服务的商家收取的保证金。若商家提供货到付款服务，需额外缴纳货到付款保证金。具体金额根据店铺类型和经营类目而定，通常与基础保证金或浮动保证金取高值。

4）保证金调整与补缴。

① 调整情况：若商家的店铺类目变更或近 30 日支付 GMV 变化导致保证金需要调整，平台会通知商家补缴差额。

② 补缴要求：商家需在规定时间内补缴保证金差额，否则可能影响店铺运营。

5）注意事项。

① 不交保证金的影响：若未缴纳保证金，店铺将无法正式开通，不能添加商品进行运营。对于 0 元入驻的商家，当店铺达到一定销售规模时，平台会要求补缴保证金，否则店铺功能将受限。

② 保证金退还：若商家停止经营或符合退还条件，可申请退还保证金。

四、抖音小店产品上架

第一步，商品创建

打开抖店后台，依次单击"商品"→"商品创建"。

商品创建

第二步，选择商品类目

可以直接搜索产品关键词，也可以逐个层级找到正确的商品类目。

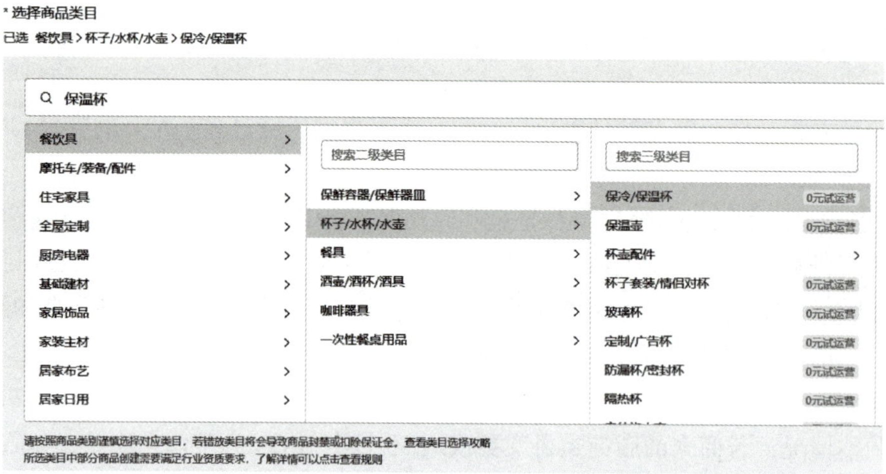

选择商品类目

第三步，填写商品标题和属性

好的抖店商品标题更容易被搜索到，从而获得搜索流量。商品属性要填写完整。带"*"的属性一定要填，不带"*"的属性也应尽量填写完整，商品信息越完整，商品基础分就越高。

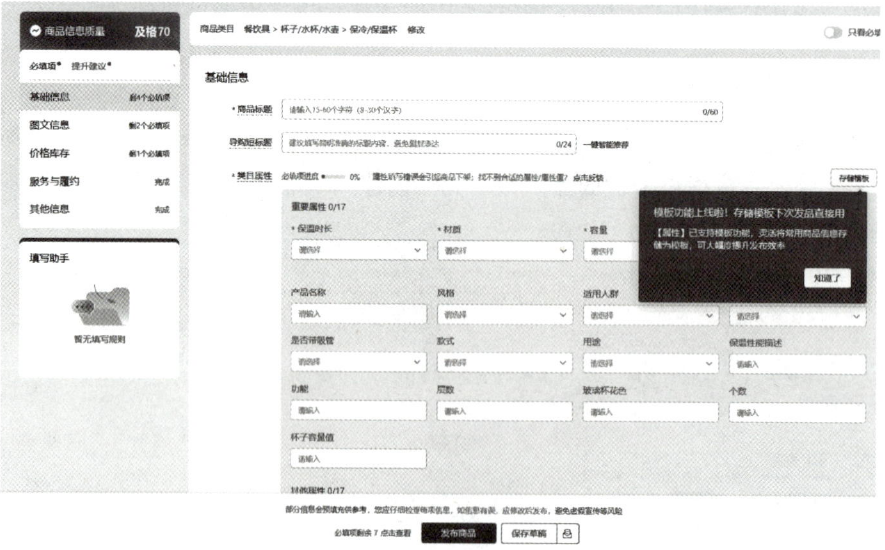

填写商品标题和属性

第四步，上传主图、白底图（主图 3∶4）、主图视频

主图尽量上传够 5 张，系统会自动进行裁剪，上传白底图的时候可使用智能抠图功能，非常方便。主图视频也应尽量制作并上传。

图文信息

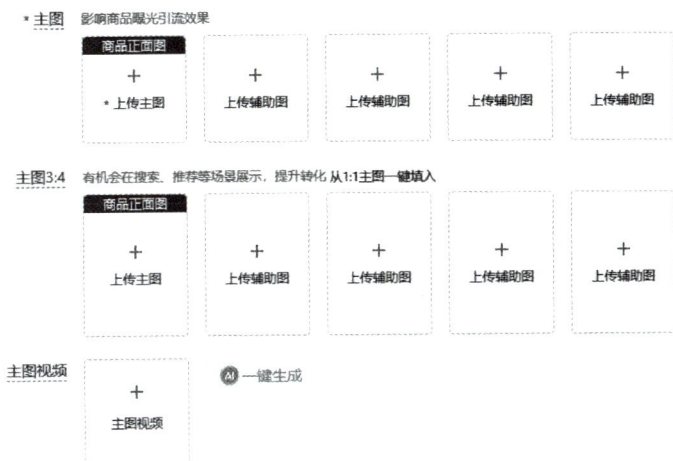

商品图文信息

第五步，设置价格库存、发货方式等

根据抖音小店运营策略定价，确认后不要频繁改价，尤其是后期商品出单时更不要随便改价。对于现货发货时间一般都是48h。

信息库存设置

填完所有信息之后可提交发布。

工作页

任务单

1. 工作任务描述

崖门镇的天然富硒土地资源得天独厚，为了进一步推动崖门镇天然富硒产业发展，助力乡村振兴，新会区农村电商公共服务站崖门站顺应"互联网+"发展趋势，打造首批农村电商服务站，同时充分利用供销系统资源优势，带动"农产品上行"和"工业品下行"双向流通，促进线上线下渠道融合发展。

为了把当地特色的农副产品利用电子商务平台大力推广出去，同时培育更多乡村振兴人才，农村产业园与飞扬农场取得联系，共同举办"一镇一业"直播活动。根据农产品的特点，定于11月11日晚上7点通过抖音直播为农户进行农产品销售。要求直播创业团队在10月30日前完成1h的直播脚本撰写并提交企业审核。

产品信息表

序号	所属乡镇	企业名称	产品名称	产品图片	产品规格	市场价格	直播间价格	份数	是否参与抽奖或秒杀	其他情况（包邮等）	快递
1	崖门镇	飞扬农场	富硒香米		1.5kg/包	24元	9.9元	80	秒杀	包邮	邮政快递
2	崖门镇	飞扬农场	农家红豆		1.25kg/瓶	35元	19.9元	100	否	包邮	邮政快递
3	崖门镇	飞扬农场	农家芝麻		850g/瓶	43元	19.9元	100	否	包邮	邮政快递

（续）

序号	所属乡镇	企业名称	产品名称	产品图片	产品规格	市场价格	直播间价格	份数	是否参与抽奖或秒杀	其他情况（包邮等）	快递
4	崖门镇	飞扬农场	农家蜜薯		5kg/箱	58元	28元	100	否	包邮	邮政快递
5	崖门镇	飞扬农场	甜水萝卜干		10包/箱	65元	49.9元	100	否	包邮	邮政快递
6	崖门镇	飞扬农场	葛粉		200g/盒	52元	25元	100	否	包邮	邮政快递

2. 工作任务要求

过程要求	质量要求
农村电商产业园的直播创业团队收到直播推广任务后，根据直播的目标和要求，分析农产品用户画像及农村电商公共服务站的实际情况，明确直播的渠道、内容，制订直播计划并撰写直播活动策划书；向运营总监汇报方案情况，做出策划方案；完成直播脚本编写、资源准备、场景布置、直播预告等，在直播间完成60min的全流程多品种直播销售；直播活动结束后，及时跟进售后问题并进行直播活动复盘，撰写分析报告上报运营总监。完整的直播流程要求在10个学时内完成	农产品直播需严格遵守《中华人民共和国电子商务法》《中华人民共和国广告法》《中华人民共和国产品质量法》《互联网直播服务管理规定》、平台活动规则及产业园的管理制度等

　　课前、课中和课后工作页请参考本书配套资源。

学习任务 3 农产品户外直播

代表性工作任务名称	农产品户外直播	工作时间	22 课时
代表性工作任务描述			

古井镇玉洲村的田间地头，飞扬农场主许先生正在草莓农场、千禧圣女果农场忙碌着。飞扬农场是古井镇当地一家著名的家庭农场。有着 10 多年水果种植、收购经验的许先生，对水果的种植、管理、收购的要求都很严格。飞扬农场是当地的示范农场，农场采摘园包括牛奶草莓、大红草莓、千禧圣女果和黄皮水果甘蔗，除此之外还有新会柑、新会陈皮等优质农产品

近年来，政府着力培育新型农业经营主体和服务主体，加快构建扶持小农户发展的政策体系。家庭农场、农民合作社等新型经营主体蓬勃兴起，农业社会化服务快速发展，帮助小农户分享现代农业发展红利的政策、制度不断完善。农产品保鲜期短，消费者都渴望买到新鲜、优惠的农产品。新鲜的农产品直接从种植基地送到消费者手中，已经成为农户和消费者共同的追求。新会农村电商产业园接到任务，对接古井镇进行农产品户外直播

直播创业团队从运营总监处领取任务后，以团队为单位，到古井镇进行实地调查，挖掘当地特色农产品，根据直播的目标和要求，分析农场的实际情况，明确直播的渠道、内容，制订直播计划并撰写直播活动策划书；向运营总监汇报方案情况，做出策划方案；完成直播脚本编写、商品手卡制作、资源准备、场景布置、直播预告等，做好直播活动实施及管控；直播活动结束后，及时跟进售后问题，以及进行直播活动复盘，撰写分析报告上报运营总监

质量要求：直播过程需要遵循《中华人民共和国电子商务法》《中华人民共和国广告法》《中华人民共和国产品质量法》《互联网营销师》国家职业技能标准、《互联网直播服务管理规定》、平台活动规则及产业园的管理制度等

工作内容分析

工作对象：

1. 到古井镇进行实地调查，与运营总监等相关人员进行沟通，对农场实际情况、当地特色农产品进行分析，确认工作要求

2. 确认直播目的、渠道和内容的，制订直播计划，撰写直播活动策划书

3. 对直播活动策划书的审核确认

4. 掌握私域账号的运营策划；编写农产品抖音直播话术；了解抖音直播的互动管理规则、直播间互动常见

工具、设备、材料与资料：

1. 工具：办公软件、XMind、农村电商产业园微信商城——粤识货平台、图片处理软件、135 编辑器、剪映、长风网 APP、微信 APP

2. 设备：计算机、手机、网络设备、打印机、直播设备

3. 材料、资料：打印纸、卡纸、素材库

工作方法：

1. 分析法：能根据微信小程序、微信公众号、微信视频号、朋友圈、微信群等私域账号进行运营，制订运营策略

2. 比较法：能进行私域账号的搭建，结合不同账号进行人设打造

3. 现场实践法：熟悉带货促单话术技巧，能结合直播现场情况进行产品销售；能根据直播

工作需求：

1. 能根据任务要求，合理分工，团队合作完成信息收集

2. 能获取用户企业的经营信息

3. 能分析农产品的信息

4. 能获取与分析农产品用户的信息特征

5. 能明确直播目的和要求，确定直播主题

6. 能根据任务要求，合理分工，团队合作制订直播计划

7. 在满足任务单要求和《互联网营销师》国家职业技能标准的前提下，撰写直播活动策划书，明确直播流程、工作时间进度、技术手段

（续）

代表性工作任务名称	农产品户外直播	工作时间	22 课时

工作内容分析

问题；在直播间发放福利、开展促销活动

5. 分析及复盘直播效果，撰写分析报告，向运营总监汇报直播实施情况

6. 数据保存、文件规范存档，向运营总监上报分析报告

的流程和脚本，结合直播间氛围，开展抽奖、秒杀、福利赠送等暖场活动

劳动组织方式：

以团队合作方式进行。由运营专员从运营总监处领取任务单，与运营总监、用户沟通，明确任务要求，与直播创业团队里其他人员合作分析任务

运营专员、美工专员、主播、推广专员、场控专员合作制订直播计划，撰写直播活动策划书。主播编写直播脚本，推广专员进行直播前的预热，美工专员进行直播间设置、产品上架，场控专员做好直播间搭建、资源准备，运营专员协调配合。以团队合作形式完成直播实施和现场管理

直播实施后，直播创业团队协作进行数据收集和分析，分工撰写分析报告。最后由推广专员向用户企业及企业专家进行直播情况汇报，企业专家进行点评。任务完成后将直播计划、直播活动策划书、分析报告文件交付运营总监验收

8. 能依据直播目标及要求，对直播效果进行分析及复盘

9. 能按规范格式撰写分析报告

10. 项目资料内容完整（直播计划、直播活动策划书、脚本、预告、分析报告等）

11. 格式规范，分类整理

12. 符合企业要求，遵守保密制度

职业能力要求

学生应能完成乡产品户外直播活动策划和直播活动中需执行的工作任务，在工作过程中注重自我学习和提升，具备独立分析与解决常见问题的能力，具有成本意识、创新思维、商业敏感性，具备时间管理、现场管理、沟通交流、团队合作等职业素养，具备爱国爱乡的情怀，具备服务乡村振兴、发展农产品电商的志向和热情。具体包括以下几方面：

1. 能与用户、运营总监等相关人员进行专业沟通，明确工作内容和要求，并提出创新性建议

2. 能查阅相关资料，结合项目功能性、经济性、环保性等指标要求，分析和选择最优的直播方案，梳理直播思路、技术手段、工作时间进度等内容，制订具有可行性的策划方案

3. 能向运营总监汇报直播活动策划方案内容，根据反馈意见完善、确定最终方案

4. 能按照农产品直播活动策划方案，根据《互联网营销师》国家职业技能标准，团队协作完成乡村游推广、脚本编写、商品手卡的制作、资源准备、场景布置、直播预告、农产品直播活动的实施、现场管理、复盘等工作

5. 能对农产品直播推广效果进行分析，撰写分析报告，将直播销售数据、评价结果等文档按要求及时保存

6. 能对比往期农产品直播推广效果，总结经验，分析不足，提出改进措施

微任务 6

农产品户外直播——古井镇水果户外直播

情境引入

古井镇隶属广东省江门市新区，位于新会区南部，东、南与沙堆镇相接，西与崖门镇、双水镇隔银洲湖相望，北邻三江镇、睦洲镇，因境内龟山脚下有一口古井而得名。古井镇东面山峦起伏，西面平原开阔，紧临银洲湖，湖岸线长 19km，常年受海洋性气候影响，日照充足，雨量充沛。矿产资源丰富，蕴藏大量锡、钨、铅、铜、花岗岩、稀土等。截至 2020年年末，古井镇常住人口为 36100 人。

古井镇慈溪村俯瞰

宋元崖门海战文化旅游区是在 700 多年前宋元崖门海战遗址上兴建的我国首个古代海战文化主题景区，区内的崖山祠有着 500 多年的历史。

旅游区内展出了遗址出土的唐代古陶、宋代铜钱、宋元兵器，以及 12 块国宝级的古碑等珍贵文物。慈元庙中还供奉有慈满天下、坚贞不屈的杨太后塑像。

宋元崖门海战文化旅游区

宋代古碑

为充分挖掘旅游文化资源，带动古井镇旅游业的发展，近年来，古井镇多次举办乡村文化旅游节暨古井烧鹅美食节活动。在国庆假日期间开展"粤吃粤滋味"厨艺大比拼、楹联书法表演、仿古即席对句、广场舞大赛、洲朗歌唱比赛、耿光论坛、皇家烧鹅宴等精彩纷呈的活动。游客可到天成街感受传统市集的热闹氛围，到各大烧鹅工场体验古井烧鹅制作工艺，还可以到各景点寻幽探秘，赢取丰富奖品。

古井镇乡村文化旅游节暨古井烧鹅美食节正式启动

职业素养

在农产品户外直播中，主播的职业素养对于直播的成功至关重要。以下是农产品户外直播的主播应具有的职业素养：

1. 产品知识与专业度

1）深入了解产品：主播需要对所销售的农产品有深入的了解，包括其生长环境、种植技术、营养价值、口感特点等。这样才能在直播中准确、生动地介绍产品，解答观众的疑问。

2）专业知识储备：除了产品知识外，主播还应具备农业、食品安全等相关领域的专业知识，以便在直播中提供权威、专业的信息。

2. 沟通能力与话术技巧

1）口才表达：良好的口才表达能力是主播应具备的基本素养。主播要能清晰、流畅地介绍产品，同时用生动有趣的语言吸引观众。

2）互动话术：在直播过程中，主播应积极与观众互动，使用恰当的话术引导观众参与讨论、提问和购买。例如，可以设置抽奖、限时优惠等活动，提高观众的参与度和购买意愿。

3. 心态与情绪管理

1）积极乐观：农产品户外直播可能会遇到各种不可预测的情况，例如，天气变化、网络问题等。主播需要保持积极乐观的心态应对这些挑战。

2）情绪稳定：在直播中，主播需要保持情绪稳定，避免因为个人情绪影响直播效果。遇到观众质疑或负面评论时，应冷静、理性地作出回应。

4.形象与仪态

1）着装得体：主播的着装应与直播内容相协调，体现农产品自然、健康的特点。同时，着装也应符合户外直播的环境要求，如防晒、防蚊等。

2）仪态大方：主播在直播中应保持大方的仪态，展现出自信、专业的形象。同时，也要注意言行举止得体，避免给观众留下不良印象。

5.学习能力与创新能力

1）持续学习：农产品市场和技术还处于不断更新变化当中，主播需要保持学习的热情，不断提升自己的专业素养和直播技能。

2）创新思维：在直播内容和形式上，主播应具备创新思维，不断尝试新的直播方式和营销策略，以吸引更多观众的关注和购买。

6.法律法规意识

主播在直播过程中应严格遵守相关法律法规，如《中华人民共和国广告法》《中华人民共和国食品安全法》等，不得夸大产品效果、虚假宣传或误导消费者。

知识与技能

一、运营私域账号

1.用微信小程序搭建私域流量

搭建私域流量池的平台有很多，包括微信公众号、微信群、个人社交账号、小程序等，而小程序是搭建私域流量池的工具之一。其隐性扁平化的入口，无须强推就能让用户进入自己的场景中来，如线下扫码、朋友分享等，没有繁杂冗余的步骤，使商家获取客户变得更加容易。正如下图所示，小程序就像是微信流量的连接器，通过微信文章、模板消息、门店小程序、附近小程序等，将微信公众号、社交社群、线下流量无缝导入场景里。

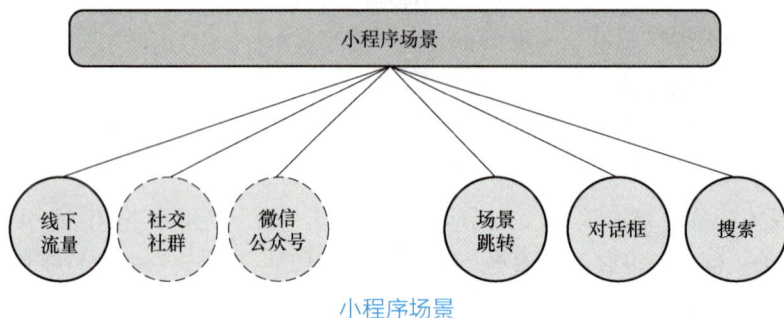

小程序场景

在消费信息愈加透明、消费愈加理智的时代，商家与客户的关系像朋友一样，双方在一个特定的场景（可以是个人社交账号、微信群、直播间）里沟通聊天，待用户真切感受到商家的真诚与产品的品质，转化付费则是水到渠成的事。

2. 利用企业微信运营私域

企业微信的出现，意味着企业管理开始由内向外扩展，换句话说，从员工管理向客户管理发展，企业微信已成为企业建立私域系统的重要载体。从客户获取方式来看，企业微信好友数量的上限高，可以更好地解决客户量大的问题；企业微信的可信度高，因为它有自己的实名认证和企业名称，更容易获得用户的信任。

3. 运用微信个人号、朋友圈运营私域

运营微信个人号的第一步是创建高质量的账户，这与日常使用的私人号不同，也不像那些随处可见的广告号。把这样的账号"养"出来需要做两件事，即人设打造和朋友圈建设。

1）人设打造。人设打造就是将微信个人号塑造成一个非常容易分辨的账户，使好友能够了解你是干什么的，当他有需求时就会第一时间想起你。

微信个人号能够体现人设的区域在于昵称、签名、头像和朋友圈背景。人设打造的核心原则是围绕统一人设定位进行内容填充。

2）朋友圈建设。对于以服务企业的增长为目的的微信号来说，朋友圈都是与企业相关的内容，而个人号的朋友圈，则是"货架广告"。

对于个人号来说，朋友圈有很大的使用价值。一个好的朋友圈会加速对方的信任，因为99%的人添加对方为好友之后就会去浏览对方的朋友圈。

4. 如何做好私域运营

1）从用户角度出发，建立用户画像。私域运营的第一步就是了解自己的用户，建立用户画像。用户画像是指对用户的年龄、性别、职业、兴趣爱好、消费习惯等进行分析，从而得出用户的特征。只有了解用户，才能更好地为用户提供服务。

2）提供有价值的内容，增强用户黏性。在私域运营中，提供有价值的内容是非常重要的。只有提供有价值的内容，用户才会愿意停留在你的平台上，从而增强用户黏性。有价值的内容可以是各种形式的，例如，教程、案例、娱乐等。但无论什么形式，都应该以用户需求为导向，让用户感受到平台对他们的价值。

3）建立社群，增强用户互动。私域运营的核心就是社群运营。建立社群可以让用户之间产生互动，增强用户黏性。社群可以是线上的微信群、QQ群等，也可以是线下的活动、讲座等。无论是线上还是线下，都应该以用户需求为导向，让用户感受到平台对他们的关注。

二、农产品直播话术

1. 直播话术的定义

直播话术通常是指在直播过程中，主播用来与观众互动、引导观众参与、介绍产品或服务、促进销售等所使用的一系列语言和表达技巧。这些话术需要经过精心设计，确保它们能够有效地吸引并保持观众的注意力，同时达到直播的目标。

2. 直播话术的作用

直播话术在直播中起着至关重要的作用，它是连接主播与观众的桥梁，通过精准有效的语言表达，迅速吸引观众兴趣，建立信任感，并引导观众积极参与互动。有效的直播话术能够清晰地传达产品价值、解答观众疑问、营造积极购买氛围，从而直接促进销售转化。同时，直播话术还承载着品牌文化的传播，通过个性化、有感染力的语言，塑造并强化品牌形象，加深观众对品牌的认知和记忆。

3. 直播话术分类

（1）欢迎话术　用户进入直播间，主播需要进行问候。比较普遍的欢迎语是"欢迎新朋友进入直播间"。但是这样的话术太过简单，不够吸引人，除非用户单纯是喜欢直播间产品，否则这种欢迎话术就是无效的，达不到留人的目的。欢迎环节可以解读账号昵称、找共同话题、传达直播间内容，同时主播应注重面部表情，尽量保持愉悦，让用户认为这是一个有温度的直播间。

（2）宣传话术　宣传的时候，要清楚需宣传什么，宣传的点主要是向用户传达直播间卖的产品所属企业的实力、来直播间会得到什么，以及活动和福利，让用户有兴趣，才能吸引用户。宣传的话术是周而复始的，不是等人来问才说，而是主播隔一段时间就重复讲一遍，但又不能生硬地重复，要在讲产品的时候自然地穿插进去。

（3）带货话术　首先要告诉用户为什么需要这个产品，也就是制造问题，解决问题的同时就是在引出产品。在讲解产品的过程中营造产品使用感受及产品价值感受（产品使用感受＝状态形容词＋生活中常见物＋心情感受；产品价值感受＝理想场景＋理想人物＋总结词），这个时候用户已经明确了该产品的功能，可以通过介绍价格让用户进一步明确价值，以促进下单。

（4）互动话术　主播通过与用户互动，可以在短时间内了解用户需求，并且能增强直播间气氛，有助于用户留存，还能增加直播间的自然流量。互动时尽量提一些简单且易于回答的封闭式问题，或者刷屏式重复。

（5）催单话术　催单的精髓就是"怕错过"，很多人在要下单的时候犹豫不决，这个时候主播可以强调价格优势及产品即将售罄的紧迫感，精准上库存，调动用户"抢"的心理，可高效促进下单。

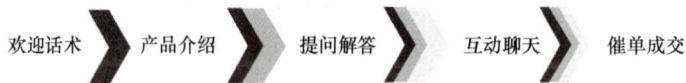

欢迎话术　▶　产品介绍　▶　提问解答　▶　互动聊天　▶　催单成交

直播的话术框架

三、直播话术案例

1. 开场欢迎话术

在直播开场时，需要对进入直播间的用户表示感谢。因此在设计直播开场欢迎话术时，要从称呼上拉近与用户的距离，可以参照以下示例：

（1）自我介绍

1）大家好，我是一名新主播，今天第几天直播，谢谢大家支持（简洁型）。

2）大家好，我是一名新主播，还有很多不懂的地方，如果有什么地方做得不够好，希望你们多多见谅，如果有喜欢听的歌可以打在公屏上，会唱的话我就给你唱，不会我就去学，感谢大家的支持。

3）千山万水总是情，我是某某直播！朋友请了解一下，帮忙点个关注，感谢有你（语气轻快）。

4）我是某某，青春靓丽，吹拉弹唱样样强，还有一身正能量！感谢大家前来捧场（配合动作）。

5）哈啰，大家好呀！欢迎大家来到我的直播间，喜欢主播的可以先点个关注哦。

6）欢迎各位小伙伴们来到我的直播间，我是直播新人，有什么做得不好的地方，请多多包涵哦。

（2）常用欢迎礼貌用语

1）欢迎来到我的直播间，点个关注不迷路（求关注）。

2）欢迎某某来到我的直播间，大家都是因为我的歌声/舞姿/幽默感留下来的，你也是吗（传达直播内容）？

3）欢迎某某进入直播间，咦？这名字有意思/很好听，是有什么故事么（解读观众名字）？

4）欢迎某某进来捧场，看名字应该是老乡/喜欢旅游/玩某某游戏的，是吗（找共同点）？

2. 农产品直播话术

1）亲爱的小伙伴们，欢迎来到我的农产品直播间！今天我要为大家带来新鲜、健康、美味的农产品，快来看看吧！

2）我们的农产品是有机种植、绿色无污染的，可以放心食用！

3）这些农产品是我亲自挑选的，品质上乘、价格实惠！

4）别错过这个好时机，现在下单还能享受优惠哦！

5）这个季节适合吃这些农产品，现在就来尝尝吧！

6）我们的农产品不仅味道好，而且富含营养，对身体非常有益！

7）如果你还没有尝试过这些农产品，就赶快来购买吧！不会让你失望的！

8）我们的农产品是从优质的产地运来的，新鲜度和品质有保障！

9）如果你在购买过程中遇到任何疑问，可以随时联系我们的客服，我们会为你提供优质的服务！

10）这些农产品可用多种方式进行烹饪，想要做出美味佳肴的小伙伴们赶快下单吧！

11）我们的农产品不仅适合家庭食用，也非常适合餐饮业使用，欢迎各位商家前来采购！

12）别忘了在直播间里点个赞和关注哦，这样你就能收到我们的最新活动消息啦！

13）这些农产品是现摘现发，保障新鲜度和口感！

14）我们的农产品在运输过程中会经过严格的检验和包装，安全无虞！

15）这些农产品有很多不同的品种和规格，你可以根据自己的需求来选择哦！

16）我们的农产品价格实惠，是优质选择！

17）这些农产品是当地农民种植的，购买它们不仅可以支持农民，还可以享受到优良的品质和口感！

18）别忘了把这个直播间分享给你的朋友们哦，让更多人知道我们的农产品和直播间！

3．农产品直播的销售技巧和话术

1）了解产品：在直播之前，了解所销售农产品的品种、特点、产地等信息，以便更好地为观众介绍。

2）展示：使用高清摄像设备，展示农产品的外观、质量等方面。

3）口感介绍：介绍农产品的口感特点，让观众能够感受到农产品的味道。

4）讲故事：讲述农产品的种植和采收过程，让观众了解农产品背后的故事，拉近与观众的距离。

5）优惠促销：在直播中推出一些优惠活动，吸引观众下单。

6）配菜建议：在推销农产品时，可以配合一些菜谱建议，使观众发现更多的食用可能性。

7）提供常见问题答案：针对农产品的常见疑问，在直播中用详细的话术回答。

8）实时解答：如果观众在直播中提出了问题，要及时进行解答。

9）交流互动：在直播中尽量多与观众进行互动，提高观众参与度。

10）专业团队：建议在直播中搭配一些专业的销售团队，来提供更好的销售技巧和话术。

四、抖音电商直播间营销互动玩法规范（部分摘录）

1．概述

（1）目的及依据　为提升平台交易体验，规范平台达人直播间开展有奖销售、优惠活动秩序，保障消费者权益，根据国家现行法律、法规、规章，以及《巨量百应平台服务协议》《电商创作者管理总则》《抖音用户服务协议》等平台服务协议与规则，制定本规则。

（2）适用范围　本规则适用于直播间营销互动玩法场景的使用行为管理、争议处理及违规管理，适用对象包括相关创作者、商家及消费者用户。

（3）相关概念

1）直播间营销玩法，是抖音电商平台电商场景下，创作者开展的加强用户互动，促进直播间氛围的活动玩法包括不限于抽奖、赠品、秒杀、优惠折扣、免单返现、粉丝团任务等。

① 粉丝团任务：用户加入创作者粉丝团后通过升级解锁不同权益和激励的营销玩法，权益和激励包括但不限于创作者赠予的商品、粉丝红包。

② 平台营销玩法工具：抽奖、赠品、秒杀等。

2）创作者。本规则所称"创作者"指在抖音客户端及网页端平台（含火山版、简化版、极速版等其他版本）开通商品分享功能的电商创作者。

3）商家。本规则所称"商家"指在抖店平台开通店铺的商品经营者。

2. 活动信息发布规范

（1）创作者行为基础规范

1）创作者应真实、客观、准确描述活动、奖品、赠品和优惠信息，不得进行虚假或引人误解的描述。

2）创作者发布的单一奖品价值不得高于人民币五万元，且单场直播向同一个消费者发放的奖励价值不得高于人民币五万元。

3）活动应保障消费者合法权益及时兑现承诺，不得出现损害用户体验或给用户／平台造成不良影响的情况。

4）创作者应合法合规使用平台提供的营销工具产品功能，不得将之用于赌博、诈骗等违规活动。

5）平台提供官方营销工具的，直播间进行商品推广销售时须使用平台提供的工具。须使用平台提供营销工具的玩法：抽奖、赠品、秒杀。

6）所有玩法涉及的权益、商品、赠品、福利等信息都需要在商详／直播画面展示，且应包含但不限于商品信息、任务要求、限制条件、兑现方式、兑现时效等，涉及商品详情页信息发布的，创作者需与商家协商一致并由商家代为发布，商品详情页未展示相关玩法信息的，直播间推广时不得宣传。

（2）创作者行为具体规范

1）抽奖。创作者使用福袋工具设定看播任务、评论任务等抽奖活动参与条件，除产品功能内设定的抽奖条件外，不得虚假宣传其他不具备兑现基础的抽奖条件；创作者不得夸大奖品的中奖概率和奖品价值。

2）秒杀。创作者宣传秒杀活动的，其商品需使用平台发布的"限时限量购"或"达人专属价"工具；创作者宣传秒杀活动的，展示商品规格、商品数量、秒杀时间等相关信息需与"限时限量购"或"达人专属价"工具里秒杀信息一致，同时相关信息需要在直播间进行展示，不限于口播、字幕、直播画面、背景板、卖点文案、管理员评论等；创作者宣传秒杀活动的，需按宣传的时间准时发起秒杀活动，并按照宣传上架对应的秒杀商品，不得进行虚假或引人误解的描述。

3）赠品。创作者宣传赠品信息的需使用赠品工具，宣传的赠品信息应当和商品详情页公布的赠品信息一致，涉及商品详情页信息发布的，创作者需与商家协商一致并由商家代为发布，商品详情页未展示赠品信息的，直播间推广时不得宣传；创作者需清晰、真实宣传赠品品种、规格、数量等信息，不得出现误导消费者的信息；赠品为临期商品（指临近保质期的商品）、有瑕疵、二手等情形的，创作者宣传赠品信息时需明确说明，不得虚假描述或误导消费者；赠品价值不得超过主品（即消费者实际购买的商品）。

4）粉丝团任务。严禁求助粉丝刷礼物、语言刺激等烘托PK打赏氛围，诱导用户冲动打赏行为；粉丝团任务涉及赠送的商品、红包等粉丝权益和激励的，创作者宣传粉丝团任务时，需在直播间背景板、展板等场景对粉丝团任务权益和激励进行清晰明确展示；展示信息必须包括粉丝团任务等级要求及对应的权益和激励。

5）免单。创作者宣传免单信息的，免单的限制条件、商品名称、兑现方式、兑现时效等信息需在商品详情页进行清晰展示。涉及商品详情页信息发布的，创作者需与商家协商一致并由商家代为发布，商品详情页未展示免单相关信息的，直播间推广时不得宣传，创作者宣传免单信息的，不得以发表"好评"等作为限制条件，即不得以免单等物质、金钱或其他利益承诺诱导消费者"好评"。

6）返现。创作者宣传返现信息的，返现的限制条件、返现商品名称、兑现方式、兑现时效（时效不得超过7天）等信息需在商品详情页进行清晰展示；涉及商品详情页信息发布的，创作者需与商家协商一致并由商家代为发布，商品详情页未展示返现相关信息的，直播间推广时不得宣传；创作者宣传返现信息的不得以发表"好评"等作为限制条件，即不得以返现等物质、金钱或其他利益承诺诱导消费者"好评"。

7）促销活动。创作者宣传促销活动时，不得以要求用户互动等作为商品上架限制条件，即不得以点赞、关注、亮灯牌、送礼物、加会员等互动行为作为商品上架条件；直播间展示或介绍商品，若不是本场售卖商品需说明，未进行说明的需要在直播间进行上架售卖；创作者不得设置特殊购买条件导致用户无法下单或大部分用户无法抢购，例如，设置0库存、只能偏远地区购买、100件起购等不合理条件。

3. 违规管理细则

（1）创作者责任及义务　创作者知道或应当知道所推广的商品或服务不符合保障人身、财产安全的要求，或者有其他侵害消费者合法权益的情形，仍予推广的，或者因虚假夸大描述、发布不实信息以及实施其他虚假宣传行为而引发消费者投诉、售后问题的，应当与提供该商品或服务的商家向消费者承担连带责任。

（2）违规处理

1）创作者宣传抽奖活动后，实际未上线抽奖活动，或上线的抽奖活动时间涉嫌虚假宣传的，平台将按照《【违规营销：诱骗秒杀】实施细则》的规定进行处理。

2）创作者违反本规则2.3条第二款规定，虚假宣传其他不具备兑现基础的抽奖条件的，平台将按照《【违规营销：诱导互动】实施细则》进行处理。

3）创作者未按要求宣传需使用秒杀、赠品工具的商品的，平台将按照《【违规营销：未使用平台工具】违规细则》对其进行处理。

4）创作者宣传的赠品、秒杀、免单信息与商品详情页展示的赠品信息不一致，平台将按照《【虚假宣传：活动信息与实际或展示不符】实施细则》的规定进行处理。

5）创作者在推广商品中做出的任何形式的服务、福利、奖励等承诺，但实际未按约定或平台规定进行履约，平台将按照《【违规营销：承诺未履约】实施细则》进行处理。

注：若单次违规情节严重，对平台的正常运营秩序造成严重影响，平台有权单方面判定

创作者违规性质及适用的处理标准，并对该创作者作出进一步处罚。

（3）争议处理

1）消费者就参与抖音直播间进行的营销玩法引起的纠纷问题申请平台介入的，平台有权要求消费者、创作者/商家提供相应的证明材料，举证责任和证明材料参照《售后争议处理总则》《发货问题争议处理细则》等平台规则执行。

2）平台将按照双方提供的证据材料进行判定。

3）经平台判定创作者/商家应履行赠品、奖品或其他消费者权益，实际未履行的，平台有权从商家保证金或货款、创作者保证金或佣金中扣划相应赔付金额，赔付给消费者。

4）因营销活动玩法发生的其他争议情形，本规则未有列明的，参照《售后争议处理总则》《商家发货行为管理规则》《创作者违规宣传争议处理细则》等平台规则处理。

5）创作者宣传赠品、秒杀活动的时候，实际未使用赠品、秒杀工具，平台将按照《【违规营销：未使用平台工具】违规细则》进行处理。

6）创作者宣传营销活动时候，当平台暂未提供官方营销工具的，直播间进行商品推广时活动信息未在商品详情页展示，平台将按照《【虚假宣传：活动信息与实际或展示不符】实施细则》的规定进行处理。

4. 附则

1）因自然灾害、会议赛事、疫情等不可抗力因素导致无法在限期内完成奖品及赠品发货的，创作者/商家可向平台进行报备或申诉。报备/申诉所需材料及流程可参考《创作者违规申诉管理规则》。

2）对任何涉嫌违反国家法律、行政法规、部门规章、平台规则、平台协议等规定的行为，本规则已有规定的，适用于本规则。本规则尚无规定的，平台有权根据相关法律、法规规章、平台规则及与平台签订的各项协议酌情处理。

3）平台有权对本规则进行不定期修订，若创作者/商家不同意修订后的规则的，可停止使用平台相关服务。

4）本规则于2022年08月08日首次发布实施，于2024年12月1日最新修订生效。

五、直播间互动常见问题

1. 以农产品为例的直播间互动常见问题

1）提问：这个农产品是有机的吗？

回答：是的，我们的农产品是有机种植的，不使用化学农药和化肥。

2）提问：这个农产品的产地在哪里？

回答：我们的农产品产地在农村山区，那里环境优美，空气清新，适合农作物生长。

3）提问：这个农产品的种植过程中有没有使用农药？

回答：我们在种植农产品的过程中严格遵守有机农业标准，不使用农药，安全健康。

4）提问：这个农产品的采摘时间是什么时候？

回答：我们根据农产品的不同品种和生长周期确定采摘时间，确保在成熟期采摘，保障口感和营养价值。

5）提问：这个农产品的保质期是多久？

回答：我们的农产品为新鲜采摘，未添加防腐剂，一般保质期为3~5天，建议尽快食用，以保持其新鲜口感。

6）提问：这个农产品可以配送到全国吗？

回答：是的，我们可以配送到全国各地，通过快递或物流方式送达，确保农产品的新鲜度和品质。

7）提问：这个农产品的价格是多少？

回答：我们的农产品价格根据品种和市场需求而定，价格合理，让消费者买到优质的农产品。

8）提问：这个农产品有什么特别的营养价值？

回答：我们的农产品富含各种维生素和矿物质，具有丰富的营养价值。

2. 农产品的促销话术

1）亲爱的客户，感谢您一直以来对我们农产品的支持。为了回馈您的厚爱，我们特别推出优惠活动，购买我们的农产品即可享受优惠价格，并额外赠送一份精心挑选的农产品礼品套装。诚邀您把握良机，品尝新鲜、健康的农产品，并与家人朋友分享这份福利。

2）尊敬的顾客，为庆祝新年将至，我们农场特别推出了一项福利活动。只要您购买我们的农产品，我们将免费为您提供一次农场参观和采摘体验机会，让您亲身感受我们农产品的种植过程。这不仅是一次难得的机会，也是一份独特的礼物，希望您能抓住这个机会，与家人一同度过一场愉快的农场之旅。

3）亲爱的顾客，感谢您一直以来对我们农产品的支持。为了让您更好地了解我们的产品，我们特别准备了一份福利。只要您购买我们的农产品，将赠送您一本精美的农产品食谱，其中包含了多种美味菜肴的做法和烹饪技巧，帮助您更好地利用我们的农产品为家人烹饪出健康美味的菜肴。希望这份福利能够为您带来更多的惊喜和快乐。

六、抖音福袋

1. 抖音福袋的作用

（1）增加粉丝团　福袋设置了须加入粉丝团才能领取的条件，用户想领福袋必须先加入粉丝团，加入的同时也就对直播间进行了关注。

（2）增加留存　当用户单击抢福袋后，就要在直播间等待福袋开启，这段等待的时间无形中增加了直播间留存。

（3）发福利　福袋送的抖币也相当于给用户们发送了福利。

2. 抖音福袋使用注意事项

（1）奖品名称　必须写得具体，例如，削皮刀，让客户一眼就能看到能获得什么。

（2）审核时间　抖音主播提交福袋审核后，预计有3min审核时间，要把控好节奏。

（3）奖品价值　规定抖音福袋奖品价值不得超过5万元，奖品会在经过确认后送出。

（4）审核通过后不会提示 一旦抖音福袋审核通过，会直接出现在直播间左上角，不会提示审核通过，所以主播务必留意并引导用户领取。

工作页

任务单

1. 工作任务描述

古井镇地理位置优越，扼银洲湖出海口之咽喉，是银洲湖出海的必经之地，有省级金门公路贯通全境，与西部沿海高速公路相接，可沟通粤西并联系港澳等地。古井镇历史悠久，是南宋覆灭的地方，发生过著名的崖门海战，因而有崖门古炮台及新会国母殿等景点，这两个景点被整合为新会宋元崖门海战文化旅游区，是新会著名的旅游地。古井镇的特产中，古井烧鹅尤为著名，多次吸引各级电视台前来拍摄制作过程。

飞扬农场是古井镇的示范农场，农场采摘园中的品种有牛奶草莓、大红草莓、千禧圣女果和黄皮水果甘蔗，除此之外还有新会柑、新会陈皮等优质产品，农场内所有农产品均不使用膨大剂、增香剂，力求种植出绿色生态、无公害的农产品。目前正是飞扬农场千禧圣女果大量成熟上市的时候。果园园主请求农村电商产业园的直播创业团队帮忙，通过直播提高古井镇千禧圣女果的销量并且推广果园的品牌，让更多本地游客到果园采摘。

古井镇千禧圣女果

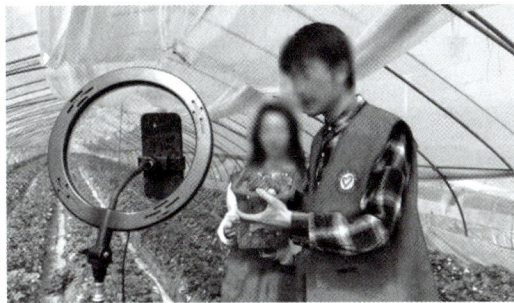

古井镇草莓

产品信息表

所属乡镇	企业名称	产品名称	产品图片	产品规格	产品简介	市场价格	直播间价格	份数	是否参与抽奖或秒杀	收货方式	快递
古井镇	飞扬农场	千禧圣女果		500g/盒	千禧圣女果颜色艳丽，呈鲜艳的红色或黄色，果实小巧精致，十分可爱。吃起来口感鲜美，微甜微酸。千禧圣女果中还富含多种营养成分	15元/盒	9.9元/盒	100	是	快递/自提	邮政快递

2. 工作任务要求

过程要求	质量要求
农村电商产业园的直播创业团队收到直播推广任务后，根据直播的目标和要求，分析农产品用户画像和农场的实际情况，明确直播的渠道、内容，制订直播计划并撰写直播活动策划书；向运营总监汇报方案情况，做出策划方案；完成直播脚本编写、资源准备、场景布置、直播预告等，在直播间完成60min的全流程农产品户外直播销售；直播活动结束后，及时跟进售后问题并进行直播活动复盘，撰写分析报告上报运营总监。完整的直播流程要求在12个学时内完成	农产品直播需严格遵守《中华人民共和国电子商务法》《中华人民共和国广告法》《中华人民共和国产品质量法》《互联网直播服务管理规定》及平台活动规则及产业园的管理制度等

　　课前、课中和课后工作页请参考本书配套资源。

微任务 7

农产品户外直播——三江镇玉米产品户外直播

情境引入

三江镇隶属广东省江门市新会区，地处新会区中偏东部，东邻睦洲镇，南接古井镇，西南濒临银洲湖，西与双水镇隔银洲湖相望，北与会城街道、江海区礼乐街道相接，行政区域面积为 82.37km²。

三江镇地处潭江下游银洲湖东岸，地势中部高、南北低，中部有脉龙山、金钟山、九龙山、求雨山、烟墩山等低山，四面环水，四周是冲积平原，境内最高峰求雨山的海拔为640m。

三江镇农作物以水稻、水果为主，畜牧业以饲养生猪为主，三江镇渔业以淡水养殖为主，养殖塘鱼、南美白对虾等淡水产品，盛产粮、鱼、糖、果，是新会鱼米之乡，该镇旅外华侨港澳台胞均 1.6 万人，是新会著名侨乡。

三江镇水果玉米借助粤港澳大湾区建设契机，积极构建大湾区食用农产品标准体系、品牌体系，打造大湾区菜篮子主导产品。

2018 三江镇第三届玉米节揭牌仪式

三江镇玉米品种展示区

职业素养

在农产品带货直播这一新兴领域中，职业素养是至关重要的，它直接关系直播内容的可信度、观众的信任度及产品的销量。本任务将介绍如何利用信息化检索手段收集素材，撰写运营文案；如何进行直播过程中的推广，提升订单转化率；如何搭建多平台账户矩阵；如何应对直播中的突发事件。

1. 信息化检索与文案撰写

（1）专业素养　具备扎实的互联网信息检索能力，能够熟练运用搜索引擎、专业数据库、行业报告等多元化信息源，快速准确地收集符合品牌定位、目标观众喜好的素材。

（2）创新思维　在收集素材的基础上，能够结合市场趋势、用户心理，创造性地构思并撰写出吸引眼球、有说服力的运营文案，有效传达品牌价值与产品优势。

（3）关注细节　注重文案的语法准确性、逻辑清晰性、排版美观性，确保信息传达无误，提升用户体验。

2. 直播推广与提升订单转化率

（1）市场敏锐度　了解直播市场动态，把握观众喜好，设计具有吸引力的直播内容和推广策略，精准定位目标观众。

（2）互动能力　在直播过程中，积极与观众互动，解答疑问，营造良好氛围，增强观众参与感和购买意愿。

（3）销售技巧　掌握有效的销售话术和催单技巧，适时引导观众下单，提升订单转化率。

（4）数据分析　直播后进行数据复盘，分析观众行为、订单转化率等关键指标，持续优化直播策略。

3. 搭建多平台账户矩阵

（1）战略眼光　根据品牌定位和目标受众，制订跨平台运营策略，构建多平台账户矩阵，实现品牌多渠道曝光。

（2）平台适应性　熟悉各平台规则与特性，针对不同平台调整内容策略，确保内容在各平台上都能获得良好表现。

（3）协同管理　有效管理多个平台账户，确保信息同步更新，提升品牌一致性和影响力。

（4）资源整合　整合内外部资源，如 KOL 合作、广告投放等，增强矩阵效应，扩大品牌影响力。

4. 应对直播中的突发事件

（1）冷静应对　在面对直播中的技术故障、负面评论等突发事件时，应保持冷静，迅速作出判断并提出应对措施。

（2）危机公关　具备良好的危机公关意识，能够妥善处理负面信息，维护品牌形象，同时积极转危机为机遇。

（3）灵活变通　根据突发情况灵活调整直播内容或节奏，确保直播顺利进行，维护观众体验。

（4）事后总结　直播后应总结经验教训，优化应急预案，提升未来应对突发事件的能力。

综上所述，这些职业素养不仅体现了个人在特定工作领域的专业能力，还展现了其面对挑战时的应变能力、创新思维及持续学习的态度，这些都是一名优秀的运营人员身上不可或缺的品质。

知识与技能

一、利用信息化检索手段收集素材，撰写运营文案

1. 信息检索概述

信息检索是用户查询和获取信息的主要方法和手段。狭义的信息检索仅指信息查询，即用户根据需要，采用一定的方法，借助检索工具，从信息集合中找出所需信息的查找过程。广义的信息检索是信息按一定的方式进行加工、整理、组织并储存起来，再根据用户特定的需要将相关信息准确查找出来的过程。一般情况下，信息检索指的是广义的信息检索。

利用信息化检索手段收集素材有以下几种途径：

（1）搜索引擎　使用搜索引擎，例如百度、谷歌等，输入相关关键词进行搜索，可以获取大量相关的网页、文章、图片、视频等素材。

（2）在线数据库　许多学术机构、图书馆、出版社等提供了在线数据库，可以通过订阅或付费的方式获取学术论文、报告、书籍、报纸、杂志等素材。

（3）社交媒体　在微博、脸书、推特等社交媒体平台上关注相关领域的专家、机构或组织，获取其发布的最新研究成果、新闻报道等素材。

（4）开放数据平台　许多政府机构、科研机构等提供了开放数据平台，可以从中获取统计数据、地理信息、科研数据、会议报告等素材。

（5）在线论坛和社区　通过参与相关领域的在线论坛和社区，与其他专业人士交流、分享经验，可以获取他们的观点、意见和建议，从而获取素材。

通过以上途径可以收集到丰富多样的素材，为后续的研究、创作、学习等提供有力支持。

2. 撰写运营文案

撰写运营文案时需要注意以下方面的内容：

（1）明确目标　在撰写运营文案之前，先要明确文案的目标是为了吸引用户点击、提高转化率还是增加销售额等。明确目标才能更好地选择合适的语言和内容。

（2）了解受众　在撰写运营文案之前，要对用户进行充分的了解。了解用户的年龄、性别、兴趣爱好、消费习惯等信息，可以使方案更容易吸引他们的注意力。

（3）简洁明了　运营文案通常需要利用有限的内容传达信息，因此应尽量使用简洁的语言突出关键信息，避免使用冗长的句式和复杂的词汇。

（4）突出亮点　在撰写运营文案时，要突出产品或服务的亮点和优势，可以通过强调产品的独特之处，吸引用户的注意力，并提高他们的兴趣。

（5）调动情感　运营文案可以通过调动用户的情感来引起共鸣和提高吸引力，可以使用一些情感化的词语和表达方式，让用户产生共鸣，并激发他们的购买欲望。

（6）清晰呼吁　在运营文案的结尾要清晰地呼吁用户采取行动，可以使用一些明确的动词，如"立即购买""立即注册"等，引导用户进行下一步操作。

（7）测试和优化　撰写运营文案后，要进行测试和优化。可以通过 A/B 测试等方式，比较不同文案的效果，并根据测试结果进行优化，提高文案质量。

3. 信息化检索、收集素材、撰写文案与直播的关系

信息化检索是指利用检索工具和平台，从海量的信息中筛选出所需的素材和信息。收集素材是指根据需求，从各种渠道收集相关的素材和信息。撰写文案是指根据所收集到的素材和信息进行整理和创作，编写出符合要求的文案。直播是指通过网络平台，实时向观众传递信息和内容。

这几个环节之间存在着紧密的关系。首先，信息化检索可以帮助收集者快速、准确地找到所需的素材和信息，提高收集效率。其次，收集到的素材和信息可以作为撰写文案的基础，为文案提供内容支持和参考。最后，撰写好的文案可以通过直播的方式向观众传递，实现信息的传播。

总体来说，信息化检索、收集素材、撰写文案和直播是一个相互依存、相互促进的过程，通过有效地组合和运用，可以实现信息的高效获取、整理和传播。

二、直播推广，提高订单转化率

1. 直播带货的转化率

产品的转化率分为下载转化率、付费转化率、复购率等。直播带货的转化率简单来说就是付费转化率，指观众在直播间看到主播介绍的产品后，下单购买的转化率。

想要提高直播带货的转化率，就得从直播带货的整个流程出发，流程中的各环节相辅相成才能达到最优效果。

一般直播带货的整个流程为：主播口述、产品曝光、上产品链接、浏览产品详情页、下单、收货、评价。从直播的各个环节出发进行调整，完善整个流程中的环节，把细节做好才能提高直播带货的转化率。

2. 直播过程中的推广措施

在直播过程中，可以采取以下推广措施：

（1）引导观众关注和分享　在直播开始前和直播过程中，应提醒观众关注当前直播账号，并鼓励他们把直播链接分享给更多人。可以设置一些奖励机制，如关注送礼物或抽奖活动，以吸引观众参与和分享。

（2）提供独家优惠和限时折扣　在直播过程中可以提供一些独家优惠和限时折扣，吸引观众下单购买。也可以设置一些购买即送或满额减免等促销活动，提高观众的购买欲望。

（3）展示产品特点和使用场景　在直播过程中，详细介绍产品的特点、功能和使用场景，让观众更加了解产品。可以通过演示、试用或用户案例等方式展示产品的优势，引导观众下单购买。

（4）提供专业咨询和客服支持　在直播过程中，应及时回答观众的问题和疑虑，提供专业咨询和客服支持。可以设置专门的客服团队负责直播过程中的咨询和售后服务，增加观众的购买信心。

（5）充分利用直播平台的互动功能　直播平台通常会提供一些互动功能，例如，弹幕、点赞、送礼物等，以此鼓励观众参与互动，增加直播的活跃度和吸引力。同时，可以设置一些互动奖励，例如，送礼物给互动最多的观众，以提高观众的参与度和购买意愿。

（6）合作推广和跨界合作　可以与其他品牌或 KOL 进行合作推广，通过跨界合作来吸引更多的观众和潜在客户。可以邀请其他行业的专家或明星参与直播，提高直播的影响力和吸引力。

（7）直播后的跟进和营销　直播结束后，可以通过私信、邮件或短信等方式联系观众，并提供一些后续的营销活动和优惠，促使观众下单购买。可以设置一些限时优惠或购买即送等活动，提高观众的购买决策速度。

3. 提高转化率的方式

（1）主播口述　许多商家在接触直播带货时，第一反应就是找头部主播，但往往容易忽略头部主播产品挑选严格、坑位费高等问题。对于中小商家来说，腰部主播则是更好的选择。账号领域定位准确，主播与观众的特性能够吻合，主播的观众群体更能够接受，产品得到大量的曝光从而提升销量。主播在直播带货过程中，最重要的就是产品展示及口述。在开播前，一定要先和主播沟通产品的独特卖点，因为拥有与众不同的卖点才能更好地吸引观众。及时性是直播带货最特别的地方，正是因为直播带货能够清楚地展现产品的功能、外观，在与观众互动时还能及时进行答疑解惑，所以主播口述就显得格外重要。

（2）产品曝光　产品曝光就是主播在镜头前展示产品，直播间对展示都会有时间规定，在有限的时间内将产品展示清楚非常重要。直播过程中主播占据了比较大的空间，镜头一般都是对准主播的，在展示时一定要注意展示的方式，不然容易出现产品虚化的问题。最好的解决方法是将产品对准镜头，露出整个产品的包装、产品 Logo。

（3）上产品链接　直播时上链接一般有两种方式：一种是介绍完产品后上链接，这种方式常见于粉丝量多的主播，可以营造一种"抢"的氛围；第二种是先将所有产品的链接挂到购物车中，展示产品的时候直接告诉观众当前产品是哪个链接。一般主播多采用第二种方式，观众可以提前了解产品详情，还达到了一定的产品曝光效果。

（4）浏览产品详情页　在直播过程中，主播的展现固然重要，但是产品本身的详细介绍也非常重要。一张好看且将产品的特点展示清楚的详情图也会影响用户的购物体验。

三、多平台账户矩阵搭建

在自媒体运营中，矩阵是指平台矩阵和账户矩阵，这是自媒体人最常用的策略之一。平台矩阵是指在多个平台上注册账号，并同时在这些平台上发布内容。例如，可以将一篇文章发布在公众号上，同时也可以在小红书、头条号、百家号、知乎等平台上发布，这就是多平台矩阵的运营方式。

1. 确定运营目标和平台选择

在开始矩阵运营之前，企业需要确定自己的目标，并选择合适的平台。例如，一些企业可能需要提高品牌知名度，因此选择社交媒体平台。另一些企业可能需要增加销量，因此把精力集中在电商平台上。在选择平台时，企业应该考虑目标客户群体所在的平台和他们的行为方式。

2. 确定品牌声音和内容策略

可以通过确定品牌声音和内容策略来确保多个账号的一致性。企业应该确定品牌声音的基调和描述，并指导每个账号的运营策略。此外，企业还需要确定合适的内容策略，以提供吸引用户的有价值的内容，并确保所有账号遵循相同的规则。

3. 维护与客户的互动

企业需要在多个平台上与客户进行互动，以提高用户参与度并保持品牌忠诚度。在运营矩阵时，企业可以使用自动化工具来发布内容，并向所有平台的用户提供一致的互动体验。此外，企业还应该定期回复用户的留言和评论。

4. 度量和改进

企业需要通过监控和度量多平台矩阵运营的绩效，来了解哪些账号和平台表现得最好。通过持续的测试和优化，企业可以提高整个矩阵的绩效，并有针对性地调整策略，以迅速适应新兴的社交媒体发展趋势。

四、应对直播中的突发事件

1. 直播中可能出现的突发事件

（1）自然灾害　例如，地震、洪水、台风等突发自然灾害。

（2）意外事故　例如，交通事故、火灾、建筑物倒塌等突发意外事故。

（3）公共事件　例如，恐怖袭击、抗议活动、暴力冲突等突发公共事件。

（4）突发疾病　例如，突发心脏病、中风、意外伤害等突发疾病。

（5）技术故障　例如，直播设备故障、网络中断等技术问题，这些问题可能会导致直播中断或无法正常进行。

上述突发事件可能会对主播和观众带来不同程度的影响，需要及时应对和处理。直播平台和相关机构也应该提供相应的应急措施和支持，确保直播安全、顺利进行。

2. 直播中突发事件的处理

（1）建立应急预案　在直播前，应建立应急预案。应急预案是指在突发状况下，应对和解决问题的方案和措施。直播中的应急预案包括如何处理技术故障、主播缺席、话语不当等情况。在建立应急预案时，需要考虑到各种可能发生的情况，并对每种情况提出详细的处理方案。

（2）提前做好准备工作　在直播前，应提前做好准备工作。准备工作包括准备设备、测试网络、检查话筒、准备话术等。在直播开始之前，需要做一次完整的测试，确保设备和网络畅通无阻，话筒清晰，同时也需要对话术进行充分的准备和研究，确保能够发挥话题的优势。

（3）及时沟通和协调 在直播中，应及时沟通和协调。在发生突发状况时，需要及时通知其他工作人员，并进行协调和处理。同时，在直播中需要建立一个协作的团队，确保每个人都能够充分发挥自己的优势，共同协作完成直播。

（4）正确处理不同的突发状况 在直播中，需要根据不同的突发状况，采取不同的处理方法。例如，在发生技术故障时，需要立即检查设备和网络，找出故障原因并及时修复；在主播突然缺席时，需要启用备用主播；在话术不当时，需要及时调整话术。处理突发状况的方法需要根据具体情况而定，要注意灵活运用。

（5）总结经验教训 在直播后，应总结经验教训。每次直播结束后，需要对整个直播过程进行总结和反思，找出问题和不足之处，并采取相应措施加以改进。同时，需要总结成功的经验，以便在以后的直播中取其精华。

🗒 工作页

任务单

1. 工作任务描述

三江镇隶属广东省江门市新会区，是一个拥有丰富历史文化底蕴的城镇。镇内丘陵和平原各半，中部山峦起伏，四周为西江支流与潭江下游冲积而成的平原，河网纵横交错，土壤肥沃，气候温和，物产富饶，是新会区的"鱼米之乡"之一。三江镇因潭江、江门河、虎坑河在这里汇合成银洲湖而得名。三江镇的乡村旅游资源丰富，近年来通过发展乡村旅游，打造了以游览皇裔文化、农业采摘、休闲观光、特色饮食等为一体的旅游线路。三江镇还注重旅游安全和文化传承，确保游客在享受乡村旅游的同时，也能体验到丰富的文化活动。

水果玉米具有独特的营养价值、良好的口感和加工性能，经济价值极高，且市场需求量大。三江镇水果玉米品种优良、适应性广、产量高，收获时间一般为每年的 5~6 月及 9~10 月，亩产鲜苞 1082.5kg。

为落实乡村振兴战略，在三江镇政府的支持下，飞扬农场多次开展"玉米文化节"，以水果玉米产业为基础，通过采摘、摄影、亲子互动、美食、表演、展览等不同形式的活动，结合三江镇独特的乡土文化，丰富生动地把三江镇本土独特的皇裔文化、农家特色和丰富的水乡自然生态环境等展现给广大市民和游客。

该公司请农村电商产业园的直播创业团队帮忙，通过在飞扬农场户外直播，提高水果玉米的销售量并且推广产品的品牌，让更多人购买水果玉米。

三江镇玉米节活动现场

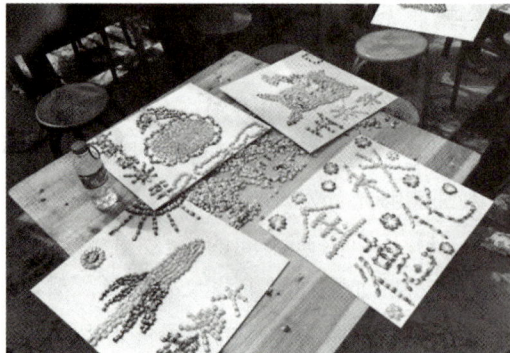

三江镇玉米节拼图活动

产品信息表

所属乡镇	企业名称	产品名称	产品图片	产品规格	产品简介	市场价格	直播间价格	份数	是否参与抽奖或秒杀	其他情况（包邮等）	快递
三江镇	飞扬农场	水果玉米		10根/箱	水果玉米具有营养丰富、甜、鲜、脆、嫩的特点，是老少皆宜的"黄金作物"，富含多种维生素。水果玉米生食口感香甜爽脆、汁多爆浆，也可用来蒸食、烤食、做菜等	49.9元/箱	19.9元/箱	100	否	黄粒、黄白粒随机发货；建议自提	邮政快递

2. 工作任务要求

过程要求	质量要求
农村电商产业园的直播创业团队收到直播推广任务后，根据直播的目标和要求，分析农产品用户画像和农业科技有限公司的实际情况，利用信息化检索手段收集素材，撰写运营文案，明确直播的渠道、内容，制订直播计划并撰写直播活动策划书；向运营总监汇报方案情况，做出策划方案；完成直播脚本编写、资源准备、场景布置、直播预告等，在直播间完成60min的全流程农产品户外直播销售；直播活动结束后，及时跟进售后问题并进行直播活动复盘，撰写分析报告上报运营总监。完整的直播流程要求在10个学时内完成	农产品直播需严格遵守《中华人民共和国电子商务法》《中华人民共和国广告法》《中华人民共和国产品质量法》《互联网直播服务管理规定》、平台活动规则及产业园的管理制度等

　　课前、课中和课后工作页请参考本书配套资源。

学习任务 4　乡村游活动直播

代表性工作任务名称	乡村游活动直播	工作时间	20 课时
代表性工作任务描述			

　　罗坑镇打算利用芒果这项名优特产举办芒果节，从而有力地打响罗坑乡村旅游、农业旅游、美食旅游、农产品等品牌，拉动农旅市场，增加农民收入，促进农旅结合。芒果节除了展出产自罗坑飞扬农场的芒果、火龙果、莲雾、凤梨、百香果等，还有土鸡、米粉、大米、柑普茶、陈皮等极具当地特色的特产手信。但由于罗坑镇地处偏僻，很多外来人员不了解罗坑芒果节，需要在芒果节开幕那天进行直播报道。新会农村电商产业园接到任务，对接罗坑镇进行当地乡村游活动直播

　　直播创业团队从运营总监处领取任务后，以团队为单位，到罗坑镇进行实地调查，了解罗坑镇芒果节的活动情况，根据直播的目标和要求，分析各直播平台的直播要求和农场的实际情况，明确直播的渠道、内容，制订直播计划及撰写直播活动策划书；向运营总监汇报方案情况，做出策划方案；完成直播脚本编写、商品手卡制作、资源准备、场景布置和直播预告等，做好直播活动实施及管控；直播活动结束后，及时跟进售后问题，以及进行直播活动复盘，撰写分析报告上报运营总监

　　质量要求：直播过程需要遵循《中华人民共和国电子商务法》《中华人民共和国广告法》《中华人民共和国产品质量法》《互联网营销师》国家职业技能标准、互联网直播服务管理规定、平台活动规则及产业园的管理制度等

工作内容分析

工作对象：

1. 到罗坑镇进行实地调查，与运营总监等相关人员进行沟通，对各直播平台的直播要求、农场实际情况、芒果节活动流程进行分析，确认工作要求

2. 确认直播的目的、渠道、内容，制订直播计划，撰写直播活动策划书

3. 对直播活动策划书进行审核确认

4. 掌握抖音 APP 直播流程与操作方法，编写农产品直播话术与脚本，准备资源，布置场景，直播预告，乡村游活动直播实施，现场管理

工具、设备、材料与资料：

1. 工具：办公软件、XMind、抖音平台、图片处理软件、135 编辑器、剪映、长风网 APP、微信 APP

2. 设备：计算机、手机、网络设备、打印机、直播设备、麦克风

3. 材料、资料：打印纸、卡纸、素材库

工作方法：

1. 思维导图法：提取关键词，发散思维

2. SWOT 分析法：分析产品、客户、直播创业团队

3. 分析法：分析各直播平台的直播要求

4. 信息检索法：收集农产品信息、案例、直播活动策划书内容、脚本和话术内容、直播指标和数据、报告案例

5. 二维码测试法：测试部分方案内容，检验可行性，测试直播话术和脚本内容

6. 软文推送法：制作软文并发布

工作需求：

1. 能根据任务要求，合理分工，团队合作完成信息收集

2. 能获取用户企业的经营信息

3. 能分析农产品的信息

4. 能获取与分析各平台直播的信息特征

5. 能明确直播目的和要求，确定直播主题

6. 能根据任务要求，合理分工，团队合作制订直播计划

7. 在满足任务单要求和《互联网营销师》国家职业技能标准的前提下，撰写直播活动策划书，明确直播流程、工作时间进度、技术手段

8. 能依据直播目标及要求，对直播效果进行分析及复盘

9. 能按规范格式撰写分析报告

代表性工作任务名称	乡村游活动直播	工作时间	20 课时

工作内容分析		
5. 分析及复盘直播效果，撰写分析报告，向运营总监汇报直播实施情况 6. 数据保存、文件规范存档，向运营总监上报分析报告	7. 数据分析法：分析直播数据，形成报告 8. 归纳总结法：汇报展示作品 **劳动组织方式：** 以团队合作方式进行。由运营专员从运营总监处领取任务单，与运营总监、用户沟通，明确任务要求，与直播创业团队里其他人员合作分析任务 运营专员与美工专员、主播、推广专员、场控专员合作制订直播计划，撰写直播活动策划书。主播编写直播脚本，推广专员进行直播前的预热，美工专员进行直播间设置、产品上架，场控专员做好直播间搭建、资源准备，运营专员协调配合。以团队合作形式完成直播实施和现场管理 直播实施后，直播创业团队协作进行数据收集和分析，分工撰写分析报告，最后由推广专员向用户企业及企业专家进行直播情况汇报，企业专家进行点评。任务完成后将直播计划、直播活动策划书、分析报告文件交付运营总监验收	10. 项目资料内容完整（直播计划、直播活动策划书、脚本、预告、分析报告等） 11. 格式规范，分类整理 12. 符合企业要求，遵守保密制度

职业能力要求

学生应能完成乡村游直播活动策划和乡村游直播活动中需执行的工作任务，在工作过程中注重自我学习和提升，具备独立分析与解决常见问题的能力，具有创新思维、商业敏感性，具备时间管理、现场管理、沟通交流、团队合作等职业素养，具备爱国爱乡的情怀，具备服务乡村振兴、发展乡村游的志向和热情。具体包括以下几方面：

1. 能根据任务单要求，与用户、运营总监等相关人员进行专业沟通，明确工作内容和要求，并提出创新性建议

2. 能查阅相关资料，结合项目功能性、经济性、环保性等指标要求，分析和选择最优的直播方案，梳理直播思路、技术手段、工作时间进度等内容，制订具有可行性的策划方案

3. 能向运营总监汇报直播策划活动方案内容，根据反馈意见完善、确定最终方案

4. 能按照农产品直播活动策划方案，根据《互联网营销师》国家职业技能标准，团队协作完成农产品直播选品、脚本的编写、商品手卡的制作、资源准备、场景布置、直播预告、乡村游直播活动的实施、现场管理、复盘等工作

5. 能对乡村游直播推广效果进行分析，撰写分析报告，将直播销售数据、评价结果等文档按要求及时保存

6. 能对比往期农产品直播推广效果，总结经验，分析不足，提出改进措施

乡村游活动直播——罗坑镇"芒果节暨农旅特产展销会"活动直播

情境引入

罗坑镇隶属广东省江门市新会区，位于新会区西部，东邻双水镇，南连双水镇和台山市，西接台山市大江镇，北近司前镇和会城街道，行政区域面积为 120.3km²。截至 2020 年年末，罗坑镇常住人口为 23507 人。罗坑镇位于北回归线以南，属亚热带海洋性季风气候，一年四季明显，气候温和，昼夜温差较大，雨量充沛。

罗坑镇每年都会举行芒果节暨农旅特产展销会，此举有力打响了罗坑乡村旅游、农业旅游、美食旅游、农产品的品牌，拉动了农旅市场，增加了农民的收入，促进了农旅结合。

罗坑镇村貌

罗坑镇芒果节

芒果节活动现场还会举办丰富多彩、妙趣横生、极富农家乐趣与乡村传统文化味的水果互动游戏，包括大胃王吃芒果赛，芒果重量手秤挑战赛等。

职业素养

前段时间，江西赣州的某女主播廖某在直播平台上引起了极大的关注和争议，她竟然在户外进行了一场大尺度直播！这一举动立刻引起了网友们的热议和好奇心，众多粉丝纷纷围观，但也有不少观众对此表示质疑和担忧。

不少网友对该女主播的举动表示反对，认为她这种做法不仅低俗，也不符合直播平台的规范和道德标准。网友发表评论说："作为一名女主播，应该注重自身的形象和职业素养，而不是只追求短暂的曝光率。"

这一事件也引发了对于直播平台监管的声音，许多人认为平台方应该对直播内容进行更加严格的审查和管理，避免类似事件再次发生。虽然直播平台不断采取措施加强监管，但仍难以避免一些违规直播的出现。

当下互联网直播行业有一种现象：粉丝经济与直播内容的边界越来越模糊。有时为了吸引更多的用户关注和支持，一些主播会采取更加大胆的方式吸引眼球。而这种行为背后隐藏了一个问题，即如何在保持娱乐性的同时不丢失专业性和尊重观众的底线。

直播平台对主播的监管问题引发了广泛关注和讨论。随着互联网直播行业的不断发展，相关的法律法规也在不断完善。直播人员的职业素养体现在以下方面。

1. 直播平台人员

在直播平台工作，职业素养至关重要，具体如下：

（1）专业态度　保持高度的专业性和敬业精神，确保直播内容的合规性、正面性和高质量。

（2）沟通能力　具备出色的语言表达和互动能力，能够与观众建立良好沟通，增强用户黏性。

（3）技术掌握　熟悉直播平台的操作技术，包括设备调试、软件应用等，确保直播流畅无阻。

（4）应变能力　面对直播中的突发情况，能够迅速冷静处理，展现良好的应变能力和危机处理能力。

（5）持续学习　紧跟行业动态，不断学习新的直播技巧、营销策略，提升个人及团队的专业水平。

2. 农产品直播

对于农产品直播带货，直播人员的职业素养体现在以下方面：

（1）产品知识　深入了解农产品的特性、产地、营养价值等信息，能准确、生动地介绍给消费者。

（2）诚信经营　确保农产品质量，不夸大宣传，建立消费者对品牌的信任。

（3）营销策略　结合农产品特点，制订吸引人的促销活动，编写合适的话术，提升销售转化率。

（4）供应链管理　优化农产品供应链，确保物流顺畅，减少损耗，提高顾客满意度。

（5）社会责任感　积极参与乡村振兴，助力农民增收，展现企业的社会担当。

3. "直播＋旅游"的户外直播

在"直播＋旅游"的户外直播领域，直播人员的职业素养体现在以下方面：

（1）环境意识　尊重并保护自然环境，避免对直播地点造成破坏，倡导绿色旅游理念。

（2）安全意识　确保直播过程中的个人安全，做好风险评估和预防措施。

（3）文化敏感性　在涉及不同地域文化时，保持尊重和理解，避免产生文化冲突。

（4）创意策划　结合旅游资源和户外环境，设计独特的直播内容和互动环节，吸引观众。

（5）团队协作　与导游、摄影师等团队成员紧密合作，共同完成高质量的直播节目。

4. 乡村旅游直播

在乡村旅游直播领域，直播人员的职业素养体现在以下方面。

（1）乡村情怀　热爱并尊重乡村文化，通过直播传递乡村的美好与独特魅力。

（2）服务意识　为游客提供周到、贴心的服务，解答疑问，推荐合适的乡村体验项目。

（3）社区参与　积极融入当地社区，与村民建立良好的关系，共同推动乡村旅游的发展。

（4）可持续发展　在推广乡村旅游的同时，注重生态环境的保护，促进乡村经济的可持续发展。

（5）品牌塑造　通过高质量的直播内容和优质的服务，打造具有特色的乡村旅游品牌，提升知名度和美誉度。

知识与技能

一、直播平台简介

1. 直播平台的含义

直播平台主要由直播客户端、直播网页端及管理后台构成，属于"网络直播"的大范畴，其有别于电视直播／视频直播，更注重互动性。

2. 直播平台的特点

网络直播吸取和延续了互联网的优势，利用视讯方式进行网上现场直播，可以将产品展示、相关会议、背景介绍、方案测评、网上调查、对话访谈、在线培训等内容现场发布到互联网上，直观、快速、表现形式好、内容丰富、交互性强、地域不受限制、受众可划分。现场直播完成后，还可以随时为观众继续提供重播、点播，有效延长了直播的时间和空间，可发挥直播内容的最大价值。

3. 直播平台的盈利方式

第一种是时薪，直播平台会根据主播每小时的直播人气支付薪水。例如，每小时的人气在10万以上的每小时支付多少费用。就这种盈利模式来说，网络主播的收入跟人气画等号，也就是说，人气越多，收入越高。

第二种是礼物，由网友花钱买礼物送给网络主播，网络主播在层层扣款后拿到分成。这种模式不依赖于人气，而是更看中网络主播的个人魅力。例如，某主播的人气只有七八千，但是其收入可能比那些有十几万人气的游戏主播还高。

第三种是衍生副业，例如，接广告、带货、做电商、现在很多大主播都是通过这种方式变现的。在电竞直播初期，这种模式是网络主播主要的收入来源。

二、农产品可以进驻的直播带货平台

农产品可以进驻的直播带货平台对比

农产品直播间	推荐理由
芒果 TV 农产品直播间	芒果 TV 农产品直播间是一个专门为农户、农产品经销商和消费者设立的网络直播间，主要销售新鲜的农产品，例如，水果、蔬菜、粮食等。主播会宣传农产品的品牌、价格、质量等信息，并组织活动，例如，抽奖等，吸引更多消费者购买
百度购物农产品直播间	百度购物农产品直播间是一个专注于农副产品的特色直播间，在这里可以买到各种新鲜的农产品，例如，水果、蔬菜、粮食等。主播会宣传农产品的品牌、价格、质量等信息，并参与组织各种活动，例如，优惠折扣、赠品等，来吸引更多消费者购买
淘宝 / 天猫农产品直播间	淘宝 / 天猫农产品直播间里有一个专注于农产品的综合平台，拥有大量的农产品，例如，水果、蔬菜、粮食等。主播会宣传农产品的品牌、价格、质量等信息，并与各大农副产品经销商合作，提供限时特价、免费试吃、赠品等优惠活动，来吸引更多消费者购买
京东农产品直播间	京东农产品直播间是一个专注于农副产品的全新直播间，拥有大量的农产品，例如，水果、蔬菜、粮食等。主播会宣传农产品的品牌、价格、质量等信息，并组织活动，例如，抽奖、送礼物等，来吸引更多消费者购买
抖音农产品直播间	抖音是一个非常火爆的短视频社交平台，同样也入驻了户外直播领域。在抖音上，用户可以观看一些热门景点、农产品的直播，还可以在直播间参与抽奖和打赏等
快手农产品直播间	快手是一个以短视频为主的社交平台，也开始入驻户外直播领域。在快手上，用户可以观看各种户外探险、旅游、农产品的直播。另外，快手非常注重平台的互动性和创新性，为用户提供了诸如扶老搭桥、聚会等互动玩法，让观众和主播之间产生更多的互动
Bilibili 直播间	Bilibili 是一个以二次元文化为主的弹幕视频主题社区。虽然这个平台的定位略有不同，但是它也拥有户外直播板块。在 Bilibili 上，用户可以观看各种自然风景、人文胜景、农产品等内容的直播。另外 Bilibili 最大的特点是在直播中加入了弹幕互动功能，用户可以通过弹幕和主播互动交流，增加了趣味性和社交性
花椒直播间	花椒直播是一个全民直播平台，它以直播为核心，致力于打造一个生动、有趣的全民直播平台。在花椒直播上，用户可以观看各种户外探险、自然风光、美食探店、农产品等相关的内容。平台除了直播内容之外，还提供了丰富的互动玩法，例如，抢红包、抽奖、打 Call 等，并且在社区和商家之间搭建了直接连接的平台，也可以购物
YY 直播间	YY 直播是一个聚焦于在线直播行业的应用，其中不仅包含了娱乐直播，还有教育、健康健身、户外探险、农产品等直播类型。在 YY 直播中，用户可以观看户外探险、人文胜景等高清画面的直播，此外，YY 直播还支持弹幕互动、群组聊天等。最为吸睛的是这个平台提供的"金话筒"功能，各大电竞主播都齐聚一堂，增加平台的话题性

三、"直播 + 旅游"户外直播成直播发展方向

1. 打破了封闭的空间

随着手机直播客户端及 5G 网络的发展，直播从 PC 端转移到移动端，从室内转移到户外，满足了观众的好奇心，户外直播相对于室内直播来说，更能吸引观众。

2. 让观众身临其境

在当今社会，不少人忙于工作无法外出旅游，而"直播＋旅游"这种户外直播形式能够带给观众一种身临其境的感觉，通过现在流行的 VR 直播，足不出户就可实现旅游。

3. 为观众提供经验

网络越来越发达，购物也无须出门，不少人会选择海淘、代购，但是质量又是如何保证的呢？有了户外直播后，人们可以跟随主播边看边买。除此之外，每到长假，我国都会掀起一阵"旅游热"，不少景区住宿及物品都会涨价，有了户外直播，可以给观众提供经验，便于做出选择。

四、室内直播和户外直播的优势

1. 室内直播的优势

1）可以灵活地选择不同的场景。实景影棚比较适合品牌产品，实用性比较强，可以提升品牌的专业性。直播间搭建大屏、摆放和产品相关的货物，在大屏循环播放对应的宣传片，提升观感，直播距离背景远，向前可突出展示细节，向后可展示全貌。工厂仓库原生感很强，适合对于价格比较敏感的用户，贯彻工厂仓库直接发货的概念，配合低客单价，能让用户明显感知到物美价廉。

2）可控性较高，受外部干预较少。室内直播更注重的是直播设备的稳定性，以及主播的临场发挥能力。

2. 户外直播的优势

1）真实性强。虽然有些户外直播有脚本大纲，但在直播过程中，主播也会遇到出乎意料的事，这是观众喜欢看直播间的原因之一。而且户外直播的场景都在现实场景下，主播的反应和周围场景都比较真实。

2）互动性高。在户外直播中，主播可以随时根据现场情况与直播间观众进行互动，例如，问答、点赞、评论等，互动性比室内直播更强。

五、乡村旅游卖点的挖掘和定位

乡村旅游包含吃、住、游、购、娱、养、学等产品，一要有卖点，而不能仅仅依靠与城市不同的田园风光和村落风貌；二要与周边的乡村游保持差异，而不能简单盲从、复制。景区旅游需要差异化，乡村旅游同样需要差异化。

1. 环境

利用乡村的生态优势，围绕生态的稀缺性来吸引游客。例如，有优质水资源，可以围绕玩水、喝水、泡茶、餐饮、水保健等进行规划设计，以独特的水生态作为卖点，吸引游客。

2. 景观

利用乡村大面积花海、果园、农作物等，以优美的景观吸引游客。将农业产区建设成景区、将田园打造成公园，让游客们在美好的风景中拍照留念、晒朋友圈，通过游客的社交渠道，提升项目的知名度。

3. 特色农产品

虽然乡村的农产品种类丰富，但没有特色的农产品却越来越难卖。通过改良技术、优选种类、科学种植、产品定位、包装方法等对农产品进行改造，打造出品牌，高品质的品牌农产品更受欢迎。

4. 农作体验

乡村里常见的种地、喂羊、收割、抓鱼等生产场面，游客看着觉得稀奇。可以把采摘、捕鱼、养蚕、割稻等农活包装成农作体验项目，划定体验农作区，让游客下田种地，体验农作，留下独特的旅游印象。

5. 农味

乡村土菜滋味十足，粮食、蔬菜、禽畜、水产新鲜爽口，民间小吃风味悠长，将地方名吃、口味有关的材料集中起来进行宣传，可以更好地吸引游客。

工作页

任务单

1. 工作任务描述

"七月骄阳似火，罗坑芒果飘香"。为打造有特色、高品质的乡村游品牌，进一步推动罗坑镇乡村旅游事业的发展，罗坑镇每年都举行罗坑芒果节暨农旅特产展销会。

罗坑镇芒果节的主角是飞扬农场的芒果。这里种植的300多亩台湾金煌芒幼滑无渣、香甜可口。罗坑特产一条街上有飞扬芒果、飞扬火龙果、罗坑土鸡、土鸡蛋、竹笋、罗坑米粉、罗坑大米、特色柑普茶、陈皮制食品等，游客在参观、品尝之余还可购买产品。

品尝美食之余，罗坑镇悠久的历史文化、丰富的旅游资源也值得驻足观赏，林氏家庙、林锵云纪念馆、下马里、古炮台、道北寺、桂林寺、云峰寺、芦冲古村落等都是游玩的好去处。

目前，飞扬农场请直播创业团队帮忙，通过直播罗坑镇芒果节暨农旅特产展销会，向全国人民宣传罗坑镇芒果节，推广罗坑镇文旅活动。

罗坑镇芒果节

罗坑特产一条街

乡村游活动表

所属乡镇	活动主题	组织机构	活动时间	活动内容	宣传计划
罗坑镇	罗坑镇芒果节暨农旅特产展销会	飞扬农场	10月11日	芒果节直播	使用抖音平台，宣传罗坑镇的芒果节开幕式和乡村农业旅游特产，让更多的人了解罗坑镇的芒果等农产品，促进农产品的销售，吸引更多的游客，促进当地旅游业的发展

2. 工作任务要求

过程要求	质量要求
农村电商产业园的直播创业团队收到直播推广任务后，根据直播的目标和要求，分析各大直播平台、农场的实际情况，明确此次乡村游的直播平台；向运营总监汇报方案情况，做出策划方案；完成直播脚本编写、资源准备、场景布置、直播预告等，在直播间完成40min的罗坑镇芒果节暨农旅特产展销会的直播；直播活动结束后，及时跟进现场直播的问题并进行直播活动复盘，撰写分析报告上报运营总监。完整的直播流程要求在10个学时内完成	农产品直播需严格遵守《中华人民共和国电子商务法》《中华人民共和国广告法》《中华人民共和国产品质量法》《互联网直播服务管理规定》、平台活动规则及产业园的管理制度等

课前、课中和课后工作页请参考本书配套资源。

微任务 9

乡村游活动直播——大泽镇"丰收节"活动推广直播

情境引入

大泽镇隶属广东省江门市新会区，位于新会区中西部，东、南接会城街道，西邻司前镇，北连鹤山市共和镇、蓬江区杜阮镇。行政区域面积为 83.72km^2。截至 2020 年年末，大泽镇常住人口为 51785 人。

大泽镇俯瞰

大泽脐橙是大泽镇的传统特色农产品，也是该镇首个省级"一村一品"的品牌，一直备受市场青睐，每到收获季节，大泽脐橙总是供不应求。大泽镇政府每年在脐橙集中上市的时节为农户"搭台唱戏"，举办脐橙采摘节。

职业素养

在繁忙的都市生活中，乡村游直播成为连接城市与乡村的桥梁。新闻工作者小李以其卓越的职业素养，在最近的一次乡村游直播中，为观众带来了一场别开生面的乡村之旅。

1. 精心策划，展现乡村魅力

小李深知乡村游直播的魅力在于展现乡村的原始风貌和独特文化。因此，在直播前，她精心策划了直播内容，深入挖掘乡村的历史、文化和旅游资源，选择了具有代表性的乡村景点——古老的村落、美丽的田野、独特的民俗活动等，确保直播内容丰富多彩，能够吸引观众的眼球。

2. 真实记录，传递乡村声音

在直播过程中，小李始终坚持真实记录的原则。她通过镜头向观众展示了乡村的真实面貌，包括村民的日常生活、劳作场景、乡村的自然风光等。她用心倾听村民的故事，将他们的声音传递给观众，让观众更加深入地了解乡村的生活和文化。

3. 尊重当地，融入乡村生活

小李在直播时非常尊重当地的文化和风俗习惯。她穿着得体，言行举止礼貌大方，与村民建立了良好的关系。她积极参与乡村的民俗活动，与村民一起劳作、聊天、品尝美食，让观众感受到乡村的温暖和人情味。同时，她尊重村民的隐私和意愿，避免给他们带来不必要的困扰。

4. 专业解说，传递乡村价值

小李在直播中运用专业的解说技巧，向观众传递乡村的价值和意义。她不仅介绍了乡村的美景和特色，还深入解读了乡村的文化内涵和生态价值。她通过直播向观众传递了乡村游对于促进乡村振兴、推动乡村旅游业发展的重要作用，激发了观众对乡村旅游的兴趣和热情。

5. 互动友好，增进观众参与感

在直播过程中，小李积极与观众互动，回答他们的问题，分享他们的观点。她鼓励观众在直播间留言、点赞、分享，让更多人参与到乡村游直播中来。通过互动，观众不仅增进了对乡村的了解和认识，还增强了参与感。

6. 应对挑战，展现职业素养

乡村游直播过程中难免会遇到各种挑战和困难。然而，小李始终保持着冷静和从容的态度。她灵活应对各种突发情况，例如，天气变化、设备故障等，确保直播的顺利进行。她的专业素养和应变能力得到了观众的一致好评和认可。

通过这次乡村游直播，小李充分展现了她的职业素养和专业能力，用实际行动诠释了新闻工作者的责任和担当，为乡村游的发展作出了积极贡献。同时，她也让观众更加深入地了解了乡村的美景和文化，激发了人们对乡村游的向往和憧憬。

知识与技能

一、抖音直播场景设计

随着短视频时代的到来，全民直播已然成为一种趋势，从目前的内容来看，直播主要分为才艺直播、生活直播、旅行直播、带货直播、知识科普直播、情感直播等；从直播的场景来看，直播主要分为室外实景直播、AI虚拟背景直播、室内场景直播。

直播间的场景设计不仅能够吸引观众，还能帮助到主播找到准确的人设定位，留住标签匹配度更高的粉丝。

1. 直播场景的重要性

直播场景会直接影响到流量模型，直播场景是筛选精准用户、确定标签的重要因素，产品和话术居次位。

抖音直播很重视停留率，若观众进入直播间后仅停留 3s 就离开了，会导致跳失率的增加。观众进入直播间后停留 30s 以上才算有效停留，会促使抖音继续推流。投放的底层原理是转化，转化得越快、越好，流量投放成本才会越低，进入直播间的人群标签也越精准。

2. 直播间的要素

（1）场——画面　把观众吸引进来，利用营销策略促进成交率。

（2）人——主播　把观众留下来，让观众因好奇心停留在直播间。

（3）货——产品　让观众下单购买，提升转化率。

3. 直播场景的构成元素

直播场景的构成元素涵盖了背景设置、音视频设备、主播与互动、内容策划、技术支持及营销推广等多个方面。通过精心策划和准备，可以打造出一个专业、有趣且互动性强的直播场景。

4. 有效场景

直播的有效场景需要综合考虑场景设计与布置、技术支持、主播与互动、内容策划、场景创新及数据分析与反馈等多个方面。通过不断优化和创新，可以打造出更加吸引观众、提升观看体验、促进互动和转化率的直播场景。

二、如何搭建高转化的抖音直播间场景

直播场景对于直播效果影响巨大，而场景中的背景起着重要作用，直接决定了用户的第一印象，决定了用户是否会停留。常见的直播间背景有静态和动态两种。

高转化率的直播间背景，一般有以下几种类型：

（1）实体店背景　现在线上引流、线下成交的商家有很多，许多实体店为了推广自己的店铺，也会选择在自己的实体店进行直播。这种类型的背景会给人以真实的感觉，更容易取得用户的信任。这种背景适合有实体店的商家，可以选择还原最为真实的场景，给用户一种性价比高、款式多的实体批发市场的感觉。

（2）源头产地背景　这种背景适合特色农产品直播带货。这种背景的最大优点是产品价格和产地正宗。对于差异化的农产品，用户更关注产品的来源、产地，因此选择在田间地头的源头产地背景更具有说服力。

（3）架式背景　这种背景适合快消行业，例如，鞋帽包、美妆饰品、母婴家居等。在搭建这种背景的时候，要注意以下几点：首先，前景要有一些备选产品的展示；其次，产品的主题要鲜明，最好是能够快速吸睛的；最后，背景要有货架的展示，显示有比较多的产品类别。

（4）自定义背景　这种背景很常见，一般用绿幕当背景，后台用摄像头和计算机抠图完成背景的替换，使用这种方式时需要注意要有一致的色调，保证视觉方面的协调。

三、抖音直播预热方式

1. 利用抖音的个人昵称和个人主页进行预热

这是简单却有效的方法，在昵称后面＋直播时间＋品牌。例如，××今晚八点××品牌宠粉专场，×月×日福利节等。同时，在个人主页上补充更多详细信息，便于大家了解。

2. 开播前发抖音站内的预热视频

抖音的直播和视频是处于同一个抖音生态中的，两个环节紧密相关。爆款视频对于吸粉和直播间的流量都是很重要的，短视频是直播间预热的一环，直播时用户也能通过短视频看到直播状态。

3. 在直播前进行预直播

例如，在今天的直播预告明天的内容，为下次直播做预热，或者说在直播开始之前两个小时进行预热直播，这都是增加人气的方法。

4. 在站外各个渠道预热

微信公众号和微博的流量相当于一大波免费流量，本次直播的选品和好玩的环节都可以在微信或微博中做预热，给直播热度做一个托底，如果人气较高，抖音平台也会不断地分配自然流量。

四、直播间封面设计

直播封面就像是直播间的名片，直接展示在直播广场和同城页面上，是吸引观众进入直播间的第一步。

1. 直播封面图的设计要素

1）清晰度是一个好的封面图的基本要素。封面图应该具备高清晰度，以确保图片的每个细节都能够清晰展现。这可以通过使用高分辨率的图片，并根据不同平台的尺寸要求进行适当的缩放和裁剪来实现。例如，对于直播平台，通常推荐尺寸为 1280×720 像素或 1920×1080 像素，因此在设计阶段要考虑到这些尺寸要求。

2）具有设计感的封面图能够抓住观众的眼球。通过选择适合主题和目标受众的颜色搭配和视觉元素，可以增强封面图的吸引力。例如，如果直播内容与健康和运动相关，可以选择明亮且活力十足的颜色，例如，绿色或橙色，来表达积极的氛围。此外，使用捕捉人们注意力的视觉元素，例如，引人注目的图片、有趣的图标或特效等，也能让封面图更加吸引人。

3）规范化的图标是封面图的重要组成部分，它们能够传达品牌信息并提升专业感。在设计封面图时，选择与品牌形象相符的图标，并确保它们的风格和色彩与整体设计风格统一。例如，如果品牌注重可持续发展，可以选择包含环保元素的图标，如树叶或循环箭头。此外，需要考虑图标的位置和大小，以确保它们不会占据过多的视觉空间，同时又能清晰展现。

4）除了具备设计感和规范的图标，封面图还应与标题内容一致。这意味着封面图应该能够传达直播内容的关键信息，与标题文案形成有机联系。例如，如果直播内容是一场新商品发布会，封面图可以包含产品的图片和品牌名称，使观众一眼就能得知直播的目的和主题。此外，适当添加一些引人注目的文案，例如，活动主题或特殊奖励等，也能吸引观众。

2. 直播间封面尺寸

（1）抖音直播封面尺寸　抖音的视频形式是竖屏，比例是 9∶16，也就是 1080×1920 像素的尺寸。但抖音的封面仅展示 1080×1464 像素的尺寸。

（2）抖音其他尺寸

1）头像背景尺寸。抖音头像背景一般都是 1125×633 像素，默认状态下显示的封面高度是 400 像素，但是往往会下拉个人主页以查看完整的封面图。所以把主要的部分显示设置为 400 像素以内，余下的部分设置为 200 多像素即可。

2）直播间主图尺寸。为帮助媒体直播获得更好的推荐，抖音直播封面尺寸为 750×750 像素，建议图片大小不超过 5M。该封面图主要用于在抖音直播广场进行展示。

3）直播间背景图尺寸。目前抖音官方给的示例图片尺寸是 1125×633 像素，默认显示的高度只有 400 像素左右。

3. 直播间封面标题

（1）简短、包含关键词　把直播主题的关键词写在直播标题的最前面，让人一眼就关注到，例如卖服装，可以重点写服装的风格，类似少女风、御姐范等。同时直播标题不宜过长，因为太长的直播标题不能全部显示在页面中，也无法突出重点。面向大众的直播标题不能拗口或有生僻字，标题字数在 8~10 字，不要出现禁忌词，不宜出现与打折、不实宣传有关的词汇，例如，秒杀、清仓、甩卖、万能、绝无仅有、销量冠军、独一无二等宣传信息。

（2）贴合粉丝需求　直播的主题策划应以用户为主，从用户角度出发。要清楚自己直播间粉丝的标签，标签包括粉丝年龄、性别、职业、消费水平等。例如，粉丝的需求是胖人显瘦穿搭，那直播标题就要围绕这一需求编写，例如，"胖妹妹显高显瘦新品""胖妹妹夏日显瘦穿搭""大码女装显瘦遮肉穿搭"等。

（3）捕捉实时热点　实时热点能帮助直播间带来直接的自然流量，但热点是一把双刃剑，用得好，短时间内能带来巨量曝光；用不好，也能让一个品牌、形象灰飞烟灭。

（4）激发用户好奇心　主播在做直播标题策划时，可以考虑满足粉丝的好奇心理，适当给粉丝带来新鲜感，引起粉丝的兴趣。

五、抖音直播带货需要满足的条件

1. 视频数量

抖音官方给出的相关信息表明，用户想要通过抖音带货，就必须具备一定的视频创作能力。具体要求为必须要发布 10 个或 10 个以上的视频，这些视频必须公开，且通过审核。

视频数量

2. 粉丝数量

抖音直播带货还对粉丝数量有要求，抖音用户的粉丝量必须超过 1000 才有资格开通商品橱窗功能。而橱窗功能是在短视频、直播中插入商品卡片的唯一功能。

粉丝数量

3. 开通小店

抖音用户只要按照开店的要求提供相应的资料，例如，营业执照、个人身份证等，就可以直接开通抖音小店。而抖音官方对小店的开通给出了额外的说明，当用户开通抖音小店之后，将抖音账号与小店进行绑定，绑定后会同时为账号开通商品分享权限，相当于开通了商品橱窗功能，就可以开始带货了。

开通小店

六、抖音直播带货农产品需要的资质

开店前要有经营主体的《食品经营许可证》或《食品生产许可证》两个证件中的一个。农产品属于"生鲜"类，还要提供基本的营业执照、注册商标。按经营的类目需要准备不同的资质，具体如下：

1）国产预包装食品：需提供生产厂商的《食品生产许可证》。

2）鲜活蛋类：若为养殖方，需提供《动物防疫条件合格证》。若为采购销售方，需提供采购证明和《动物防疫条件合格证》。

3）生鲜肉类：需提供《动物防疫条件合格证》《动物检验检疫证明》。若为猪肉制品，需另提供《生猪定点屠宰证》。

4）进口冷链生鲜食品：需提供商品核酸检测报告和经营者消毒证明。

5）绿色食品：需提供绿色食品认证证书。

6）有机食品：需提供有机食品认证证书，有机转换证书无效。进口有机食品需提供中国有机认证机构颁发的有机认证证书。

7）农业转基因食品：需提供农业转基因生物安全证书。

8）无公害农产品：需提供无公害农产品认证证书。

9）带地理标志的农产品：需提供农产品地理标志登记证书。

10）原产地进口产品：需提供原产地证明。

11）委托加工农产品：产品存在委托生产关系的，需提供品牌商和生产商的委托加工协议，另附产品清单。

12）进口商品：需提供近一年内的中华人民共和国海关进口货物报关单，报关单上应展现对应品牌名称及商品名称；若报关单上的经营使用单位或收货单位不在授权链上，需同时提供委托进口协议。经营进口商品还需提供与报关单合同协议号一致的检验检疫证明，和近一年内由第三方权威质检机构出具的含有 CMA 或 CNAS 认证的质检报告。

工作页

扫码看视频

任务单

1. 工作任务描述

金秋的山坡上满园果香。一棵棵果树挂满橙子，圆润饱满，散发着诱人的香气，果农们正忙碌地采摘大泽脐橙。

为了打响大泽脐橙的品牌，让更多人了解大泽脐橙，作为电商专业镇的大泽镇与果农们共同努力，组织了飞扬水果专业合作社，与微商开展线上推广、直播等销售模式。还采用了农家乐采摘脐橙的经营方式，吸引游客前来采摘。

10 月底，大泽脐橙采摘节在大泽镇沙冲村三水大泽脐橙种植基地举办，清甜爽口的大泽脐橙正式上市。大泽镇大泽脐橙的种植面积达 67 万 m² 左右，挂果面积达八成，主要分布在张村、大泽村、沙冲村、同和村等。在生物防治技术等科学种植方法的帮助下，大泽脐橙迎来了丰收，平均亩产达 2500kg，预估年产值达 2560 万元。采摘节既是品尝大泽脐橙的盛宴，也是促进农贸经济的平台。

目前，基地请农村电商产业园的直播创业团队帮忙，通过直播让更多人了解大泽脐橙并且推广大泽镇丰收节的品牌，让更多人了解和喜欢这个品牌。

大泽镇丰收节采摘现场

乡村游活动表

所属乡镇	活动主题	组织机构	活动时间	活动内容	宣传计划
大泽镇	大泽脐橙采摘节	飞扬农场	10 月 17 日	大泽脐橙采摘节直播	使用抖音平台，宣传大泽脐橙采摘节，让更多的人了解大泽脐橙等农产品，促进农产品的销售，吸引更多的人过来乡村游，带动当地旅游业发展

2. 工作任务要求

过程要求	质量要求
农村电商产业园的直播创业团队收到直播推广任务后，根据直播的目标和要求，分析农产直播间封面设计、直播话术，抖音直播的互动管理规则，直播间互动常见问题，抖音直播的互动管理规则，直播间互动的实际情况，明确直播的渠道、内容，制订直播计划并撰写直播活动策划书；向运营总监汇报方案情况，做出策划方案；完成直播脚本编写、资源准备、场景布置、直播预告等，在直播间完成 60min 的大泽镇脐橙丰收节活动推广现场直播；直播活动结束后，及时跟进售后问题并进行直播活动复盘，撰写分析报告上报运营总监。完整的直播流程要求在 10 个学时内完成	农产品直播需严格遵守《中华人民共和国电子商务法》《中华人民共和国广告法》《中华人民共和国产品质量法》《互联网直播服务管理规定》、抖音直播平台活动规则及产业园的管理制度等

课前、课中和课后工作页请参考本书配套资源。

代表性工作任务名称	名优农产品直播	工作时间	18 课时
代表性工作任务描述			

近年来，江门市供销社大力打造农产品品牌——"江门供销邑品"，为江门名特优新农产品赋能，并通过"电商＋实体店"模式，引导本地大宗农产品、名特优新农产品开展线上、线下销售。江门市有着众多的名优农产品，已经有不少农产品被录入全国或全省名优农产品名录，同时也有很多品牌名优农产品。江门市政府着力拓宽本地农产品销售渠道，建立起农业经营主体和消费者之间的桥梁；提升江门市传统特色农产品知名度，推动江门市名特优新农产品走向全国、走向世界。同时为了培育更多本地农村电商人才，新会农村产业园与市供销社及当地电商协会合作，共同举办了一系列推广本地名优产品的活动

直播创业团队从运营总监处领取任务后，以团队为单位，到当地品牌名优农产品企业进行实地调查。此外，他们还积极响应并参与了"粤贸全国"系列活动，旨在深入发掘并推广当地的优质特色农产品。根据直播的目标和要求，深入了解当地名优农产品，明确直播的渠道、内容，制订直播计划并撰写直播活动策划书；向运营总监汇报方案情况，做出策划方案；完成直播脚本编写、资源准备、场景布置、直播预告等，做好直播活动实施及管控；直播活动结束后，及时跟进售后问题并进行直播活动复盘，撰写分析报告上报运营总监

质量要求：直播过程需要遵循《中华人民共和国电子商务法》《中华人民共和国广告法》《中华人民共和国产品质量法》《互联网营销师》国家职业技能标准、互联网直播服务管理规定、平台活动规则及产业园的管理制度等

工作内容分析

工作对象：

1. 阅读分析直播推广任务单的，到当地进行实地调查，与运营总监等相关人员进行沟通，对农场实际情况和当地特色农产品进行分析，确认工作要求

2. 确认直播目的、渠道、内容，制订直播计划，撰写直播活动策划书

3. 对直播活动策划书进行审核确认

4. 熟悉抖音直播的相关规则、流程与操作方法，编写农产品直播话术与脚本，准备资源、布置场景、直播预告，农产品直播实施，现场管理

工具、设备、材料与资料：

1. 工具：办公软件、XMind、农村电商产业园微信商城——粤识货平台、图片处理软件、135 编辑器、长风网 APP、微信 APP

2. 设备：计算机、手机、网络设备、打印机、直播设备

3. 材料、资料：腊味、葵艺品、陈皮制品、打印纸、卡纸、素材库

工作方法：

1. 思维导图法：提取关键词，发散思维

2. 用户画像分析法：精准营销，数据分析

3. 信息检索法：收集农产品信息、案例、直播内容策划书内容、脚本和话术内容、微信商城直播指标和数据、报告案例

4. 二维码测试法：测试部分方案内容，检验可行性，测试直播话术和脚本内容

5. 软文推送法：制作软文并发布

工作需求：

1. 能根据任务要求，合理分工，团队合作完成信息收集

2. 能获取用户企业的经营信息

3. 能分析农产品的信息

4. 能获取与分析农产品用户的信息特征

5. 能明确直播目的和要求，确定直播主题

6. 能根据任务要求，合理分工，团队合作制订直播计划

7. 能借助教材，在满足任务单的要求和《互联网营销师》国家职业技能标准的

（续）

代表性工作任务名称	名优农产品直播	工作时间	18 课时

<table>
<tr><td colspan="3" align="center">工作内容分析</td></tr>
<tr>
<td>
5. 分析及复盘直播效果，撰写分析报告，向运营总监汇报直播实施情况

6. 数据保存、文件规范存档，向运营总监上报分析报告
</td>
<td>
6. 数据分析法：分析直播数据，形成报告
7. 归纳总结法：汇报展示作品
劳动组织方式：
以团队合作方式进行。由运营专员从运营总监处领取任务单，与运营总监、客户沟通，明确任务要求，与直播创业团队里其他人员合作分析任务
运营专员与美工专员、主播、推广专员、场控专员合作制订直播计划，撰写直播活动策划书。主播编写直播脚本，推广专员进行直播前的预热，美工专员进行直播间设置、产品上架，场控专员做好直播间搭建、资源准备，运营专员协调配合。以团队合作形式完成直播实施和现场管理
直播实施后，直播创业团队协作进行数据收集和分析，分工撰写分析报告。最后由推广专员向客户企业及企业专家进行直播情况汇报，企业专家进行点评。任务完成后将直播计划、直播活动、策划书、分析报告文件交付运营总监验收
</td>
<td>
前提下，撰写直播活动策划书，明确直播流程、工作时间进度、技术手段

8. 能依据直播目标及要求，对直播效果进行分析及复盘

9. 能按规范格式撰写分析报告

10. 项目资料内容完整（直播计划、直播活动策划书、脚本、预告、分析报告等）

11. 格式规范，分类整理

12. 符合企业要求，遵守保密制度
</td>
</tr>
</table>

职业能力要求

学生应能完成农产品直播活动策划和农产品直播活动中需执行的工作任务，在工作过程中注重自我学习和提升，具备独立分析与解决常见问题的能力，具有成本意识、创新思维、商业敏感性，具备时间管理、现场管理、沟通交流、团队合作等职业素养，具备爱国爱乡的情怀，具备服务乡村振兴、发展农产品电商的志向和热情。具体包括以下几个方面：

1. 能根据任务单要求，与用户、运营总监等相关人员进行专业沟通，明确工作内容和要求，并提出创新性建议

2. 能查阅相关资料，结合项目功能性、经济性、环保性等指标要求，分析和选择最优的直播方案，梳理直播思路、技术手段、工作时间进度等内容，制订具有可行性的策划方案

3. 能向运营总监汇报直播活动策划方案内容，根据反馈意见完善、确定最终方案

4. 能按照农产品直播活动策划方案，根据《互联网营销师》国家职业技能标准，团队协作完成农产品直播选品、脚本编写、资源准备、场景布置、直播预告、农产品直播活动的实施、现场管理、复盘等工作

5. 能对农产品直播推广效果进行分析，撰写分析报告，将直播销售数据、评价结果等文档按要求及时保存

6. 能对比往期农产品直播推广效果，总结经验，分析不足，提出改进措施

品牌知名农产品直播——圭峰会城腊味、葵艺产品直播

情境引入

会城街道隶属广东省江门市新会区，位于新会区北部，东隔江门水道与江海区礼乐街道、新会区三江镇相望，南邻双水镇、罗坑镇，西近司前镇、大泽镇，北与蓬江区杜阮镇、白沙街道相连，为新会区人民政府所在地，也是新会区的政治、经济、文化、交通、通信和贸易中心。

1. 文物古迹

梁启超故居位于会城街道茶坑村，是全国重点文物保护单位，建于清光绪年间，是一幢古色古香的青砖土瓦平房，由故居、怡堂书室、回廊等建筑组成，建筑面积约 400m^2。梁启超故居有一正厅、一偏厅、一饭厅、二耳房，两厅前各有一天井，偏厅侧有楼梯直达顶部的楼亭书房。怡堂书室是梁启超曾祖父所建，是梁启超少年时代读书、接受儒家传统教育的地方。

2. 风景名胜

1）圭峰山风景名胜区为广东省首批省级风景名胜区，是国家级森林公园、国家 4A 级旅游景区，位于会城街道北部，占地面积为 44.78km^2，平均海拔约 400m，森林覆盖率达 90% 以上，由圭峰叠翠、玉湖春晓、玉台晨钟、绿护桃源、牵线过脉、龙潭飞瀑、山顶景区、运动公园八大景区组成。

梁启超故居

圭峰山风景区

2）小鸟天堂是生态旅游景点，天然赏鸟胜地，因其"独木成林、百鸟出巢、百鸟归巢"的自然奇观而闻名。明代的一棵榕树独木成林，覆盖水面约 1 万 m^2，是全世界最大的独木古榕。树上栖鸟千万只，鸟树相依，人鸟相处，和谐奇特，是世间罕有的一道自然美丽

风景线。1933 年，作家巴金先生为此写下散文《鸟的天堂》，"小鸟天堂"从此得名。

　　3）新会南坦岛曾是一座孤岛，虽然桥梁将会城与之连在一起，但该岛仍保留着其独有的风貌与特性，岛上被大片蒲葵林覆盖，从高处俯瞰，南坦岛仿佛是镶嵌在新会大地上的绿翡翠。这里保存着 1500 多亩蒲葵林，是我国唯一一处成规模且具有上百年历史的蒲葵林，为不可多得的自然生态景观。

小鸟天堂

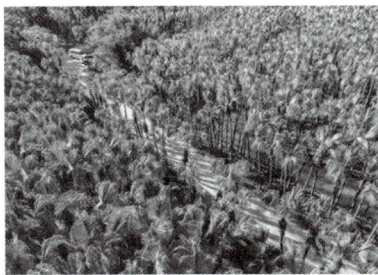

南坦蒲葵林

3. 新会葵艺

　　新会葵艺是广东省江门市新会区民间传统美术，也是国家级非物质文化遗产之一。

　　新会葵艺历史悠久，东晋时期就已开始葵树种植和葵艺加工。清代乾隆至光绪末年的200 多年间，新会葵艺的发展达到鼎盛。葵艺是以植物蒲葵为原料加工制作工艺品及生活用品的一种民间手工艺，集造型艺术和编织、绣花、绘画、印花等工艺于一体，主要流传于广东省江门市新会及周边地区，以芯蒂圆正、扇面洁白柔韧光滑、编织工艺精良闻名，以造型精美、制作技艺精湛的葵扇为代表，是广东四大传统手工艺之一。

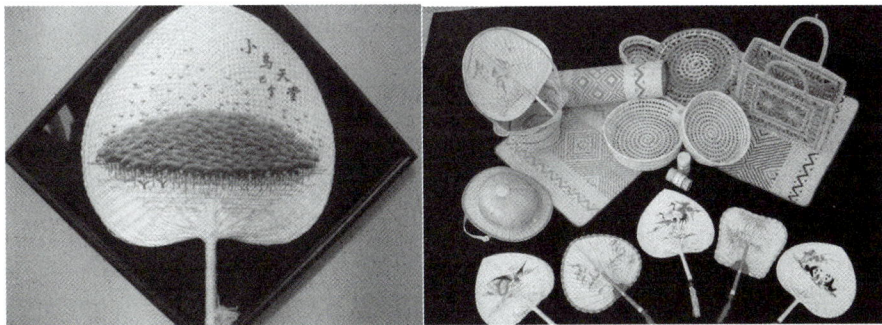

新会葵艺产品

职业素养

直播人员形象的塑造

　　直播人员形象的塑造涉及多方面因素，它不仅关系直播人员个人的职业发展，也影响观

众的观看体验和直播平台的整体形象。以下是一些关于直播人员形象塑造的建议:

1. 专业素养

直播人员应具备良好的专业知识和技能,包括对直播内容的深入了解、良好的语言表达能力和互动技巧。

2. 着装得体

直播人员的着装应符合直播内容和场合的要求,保持整洁、得体,避免过于暴露或不适当的服装。

3. 形象塑造

直播人员应有意识地塑造自己的公众形象,包括个人风格、语言风格和行为举止,以建立独特的个人品牌。

4. 正面价值观

直播人员应传播积极、健康的价值观,避免谈论负面、敏感或不适当的话题。

5. 互动交流

直播人员应与观众建立良好的互动关系,积极回应观众的评论和问题,营造友好、积极的直播氛围。

6. 遵守规则

直播人员应遵守直播平台的规则和相关法律法规,不参与违法违规的活动。

7. 诚信经营

在进行商业推广或带货时,直播人员应诚实守信,不夸大宣传,不误导消费者。

8. 文化素养

直播人员应具备一定的文化素养,尊重不同的文化背景和价值观,避免造成文化冲突和误解。

9. 情绪管理

直播人员应具备良好的情绪管理能力,保持积极乐观的态度,即使遇到突发情况也能保持专业和冷静。

10. 持续学习

直播人员应持续学习新知识、新技能,提升自己的专业水平和综合素质,以适应不断变化的直播环境。

11. 社会责任

直播人员应意识到自己的社会影响力,积极承担社会责任,通过直播传播正能量,参与公益活动。

12. 保护个人隐私

直播人员在塑造形象的同时,也应注意保护自己和他人的隐私,避免泄露敏感信息。

通过上述方面的努力,直播人员可以逐步建立起专业、可信、亲和的个人形象,从而在直播行业中获得更好的发展。

知识与技能

一、直播间品牌的打造与维护

1. 打造与维护直播间品牌的意义

（1）品牌的概念与作用　品牌是一个名字、称谓、符号或设计，或是上述的总和，其目的是使自己的产品有别于其他竞争者。品牌对企业的作用体现在塑造企业形象、获得法律保护、拓展市场、保持顾客忠诚度、吸引和激励人才等方面。品牌对顾客起到了识别作用、契约作用、提升形象的作用等。

（2）打造与维护直播间品牌的重要性

1）为观众的选择提供了一个可靠的依据。

2）有利于在竞争中脱颖而出。

3）有利于维持观众忠诚度。

4）持续获得观众的信任。

2. 如何打造与维护直播间品牌

直播间品牌的打造可以从直播体验、直播特色两方面展开。

（1）直播体验　直播体验是指观众对直播的感受，直播间可以通过不断向观众输送欢乐的内容，以观众为中心，对直播技术升级换代等来提升观众的直播体验。

（2）直播特色　直播特色是指该直播间有别于其他直播间的独特的风格与特色。塑造直播特色可以从直播领域特色、直播内容特色着手。

1）直播领域特色。做垂直领域的直播可以避开竞争。垂直就是专注于一个领域来深耕内容，内容的垂直度影响账号权重，也影响平台对发布内容的推荐，还影响观众对内容创作者专业程度的判断。也就是说，内容的垂直度越高，吸引力就越强。未来，内容垂直化将成为直播行业的主要趋势，因而垂直领域内的直播间将获得更广阔的生存空间。为此，直播间应当更多地专注于特定领域或特定需求，在自己擅长的垂直领域持续发力，塑造垂直度高的专业直播间。

2）直播内容特色。网络直播的核心竞争力是直播内容，优质内容是直播间持续发展的动力，持续输出优质内容是维持直播间长期发展的必然要求。为此，主播要充分调研目标客户群体，利用大数据和人工智能等技术对直播间的观众进行深入分析，研究观众的偏好、心理，提供特色的直播内容。例如，直播间可以与厂家直接合作，带货定制产品。另外，直播间的直播内容不能一成不变，应当不断创新、与时俱进、时刻更新优化，保证直播内容能给观众带来新鲜感，从而牢牢抓住观众的注意力。

3. 直播间品牌的维护

（1）守法直播　要遵纪守法，采取合理、合法的竞争手段。

（2）诚信直播　要重视直播内容的客观性、真实性，摒弃过度美化和虚假宣传行为，树立信誉至上的观念，严守承诺，对观众忠诚，不作假、不欺骗、有信誉、守承诺。

村党委书记变身带货主播，□山□农产品借电商出圈

河北优质教育   2025-05-06 17:33

AI导读·DeepSeek带你速览精华

"家人们，欢迎来到直播间！我是□□□的村党委书记 今天给大家带来正宗的磁山小米，色泽金黄、入口绵甜……"近日，在□□□□□□的直播间，村党委书记□□正热情洋溢地介绍着家乡特产，从小米的种植环境、加工工艺到背后的文化故事，情节生动，吸引众多网友纷纷下单。

自□□i 2025 年 2 月启动"一品一播"工作调度推进会以来，□□迅速响应，积极整合村办企业资源，全力构建"选品 - 培训 - 直播 - 售后"的全链条电商生态。带头走进直播间，为家乡农产品代言，掀起了□□□电商发展的热潮。

某农产品直播间的特色内容

（3）制订直播标准 　了解观众对直播每一个环节的期望或要求；制订具体、清晰、简洁、可观测和可行的直播标准；向观众征求意见，并且根据观众的意见加以改进。

二、直播带货产品的质量风险控制

1. 建立产品质量监控体系

1）设立产品质量监控岗位，聘请专业人员把好产品质量关。卖假货是主播形象崩塌和遭受重大经济损失的主要原因，有效控制带货产品质量，是避免形象和经济受损的有效方法。主播应在团队内设立产品质量监控岗位，聘请专业人员进行产品质量监控，该专业人员不仅需要精通产品质量监控流程，还需要掌握出现问题时的处置方法，以便及时、有效地解决问题。

2）对产品进行分类，根据不同类别建立相应的质量监控流程。亲自试用产品是监控产品质量的一种有效方式。若带货产品品类比较丰富，则确实无法实现每类必试用。因此，将产品进行分类，根据不同类别建立相应的质量监控流程，通过流程和系统进行质量把控是更为有效的方式。

3）定期或不定期将产品报送有相关资质的机构进行质量检测，是非常必要的质量监控措施，不仅能及时、精确发现产品的质量问题，也能为解决问题提供有效的证明材料。检测事项也需要在《主播带货合作合同》中进行约定，包括选样方式、机构选定、结果确认、费用承担等。

4）做好观众反馈意见、数据的统计与跟踪，站在观众的立场与观众共同进行产品质量维权。主播团队应及时、全面跟踪统计观众（购买者）对产品的意见反馈，一旦发现假货，应及时处理并与其一起维权，追究上游的法律责任。一方面，相较观众而言，主播团队在链条上处于信息优势地位，掌握更多证据材料；另一方面，主播是团队作战，在维权效率和成本上拥有更多优势。

2. 建立法律文件管控体系

1）要求供应商提供产品经销授权书、品牌授权书等。产品自设计、生产到销售，经过了很多环节，主播带货的产品，直接源于厂家或仅为分销，不管处于哪个环节，均应获取前述所有环节有效、合法、真实的经销授权书、品牌授权书等，确保授权链条完整而无瑕疵。

2）要求供应商提供产品质检报告、产品安全证明等。供应商应提供产地证明、第三方检测报告、产品说明书、QS标志号等，若销售产品为进口产品，则应进一步要求提供进出口经营许可证、口岸备案登记信息、海关编码、检验（检疫）证书等。

例如，产品为食品，应要求供应商提供如下产品质量相关文件：营业执照、食品质量合格证明、检验（检疫）证书、销售票据、有关质量认证标识、商标、专利、强制性认证证书（国家强制认证的食品）、食品准入备案信息、食品条形码、生产许可证号、生产许可证有效期、有机食品认证号、保健食品认证号、绿色食品认证号、无公害农产品（食品）认证号、QS标志号。

3）签署严格的销售、合作合同。在《主播带货合作合同》中应完善质量条款，约定具体而明确的检验期、保质期，带货主播有权定期或不定期随机抽取产品进行送检，送检机构由双方事先选定或约定选择范围等。此外，严格落实产品质量违约责任条款，明确标识（防伪标识），确保能够对产品质量跟踪与溯源，避免发生纠纷时无法确定产品来源。尤其需要约定产品质量问题的解决机制、流程、时效、成本承担等。

4）知识产权相关文件。供应商应提供与产品、产品包装及厂家有关的如下全部文件：注册商标及企业标志证明文件，专利、专有技术许可文件，著作权登记或授权证明文件。

有一起著作权侵权案，基本案情如下：一名自然人在某网站上注册了个人店铺分销商品，而分销的商品来源于该网站"新人进货推荐"，分销的方式采用"一件代发"，分销的具体商品为"早教背包"，价格为29.5元或30元（含运费5元），后被一家公司起诉，案由为著作权权属、侵权纠纷，理由为早教背包上所印的图案未获著作权人授权。该案虽然是该网店侵权案，但与直播带货逻辑相同，均为供应商提供的产品存在质量瑕疵。

所以直播带货的产品若出现商标、专利、著作权权属纠纷或侵权，均属于广义产品质量问题，主播团队应严格审查与产品、包装及相关的全部商标、专利、著作权权利链条，确保其完整、合法合规。

3. 完善操作流程合规体系

主播团队应建立、完善团队操作流程合规体系，包括选品流程管理（根据国家标准、行业标准制定产品质量采购标准）、供应商选择与评估（供应商相关资料和商品质量、卫生检查报告等进行全方位评估）、服务或采购合同管理、验收管理（外观包装、数量及规格、产品成分、制造商情况、标签、品质、生产日期、保质期等）、供应链管理。

除自有团队进行产品质量控制外，还应与直播平台、工商管理等机构建立联合打击假货的机制和流程，建立和完善外部合作操作流程合规体系。

三、直播间的产品构成

1. 引流福利款

引流福利款又称宠粉款，是直播间中至关重要的组成部分。它们的主要作用是吸引更多观众进入直播间，促使观众参与购物活动。引流福利款的定价通常不会追求高额利润，往往是微利甚至不盈利，其目的在于让观众感觉自己占了便宜，以此增加他们对品牌的好感度和信任度。通过引流福利款，观众可以以更低的价格购买到自己喜爱的产品，从而培养观众的忠诚度和粉丝效应。

在直播间中，引流福利款的作用不仅是吸引观众进入直播间，更是为后续的销售活动进行铺垫。通过提供舒适的购物体验，给予观众惊喜和价值，将能够建立起与观众的深度连接，打造品牌口碑和观众忠诚度。

2. 动销常规款

动销常规款具有普适性，能够引起广泛的关注，从而在引流福利款的基础上，进一步提升直播间的转化率和销售效果。为了让观众有继续留在直播间的理由，需要提供多样的选择，包括不同的颜色、款式、尺寸等，以满足不同观众的需求和偏好。

通过提供多样性的商品，能够吸引更多的观众，并增加他们对产品的兴趣和购买欲望。观众在直播间中找到自己喜欢的款式和尺寸，将更容易做出购买决策，提高产品的转化率。此外，为了进一步增加观众的购买动力，可以提供更多的购买优惠和礼品。例如，限时折扣、买一送一、赠品等方式，让观众感受到购买这款产品的价值和实惠。这些优惠和礼品将为观众提供额外的价值，增强他们的购买意向和满意度。

3. 主推利润款

主推利润款在直播间中扮演着重要角色，其高转化率不仅为直播带来可观的利润，还能为直播间注入更精准的标签，吸引更多精准的流量和观众。

为了达到高转化率，需要在多个方面下功夫。首先，对产品进行深入的研究和分析至关重要，这样可以确定最适合目标用户的产品特征和销售策略。了解目标用户喜好、需求和购买行为，精准定位产品和推广策略，从而提升产品的吸引力和观众购买意愿。

其次，提供优质的用户服务也是提高转化率的关键。及时回复观众的咨询、提供周到的售后服务等，能够极大地增强观众的购买满意度和忠诚度。观众在直播间中享受到优质的客户服务，将更加信任品牌并愿意进行购买，进而提高产品的转化率和利润。

主推利润款的成功不仅意味着直播间的利润飙升，更是为直播间树立了精准直播标杆。通过持续推出具有高转化率的主推利润款，能够不断吸引更多目标用户的关注和参与，树立起直播间的专业形象和口碑。

4. 特点突出款

为了在直播间中打造与众不同的体验，引入特供款或差异化产品，让观众感受到独特和稀缺的魅力。这些特点突出的产品旨在给观众带来独特的购物体验和感受。直播团队要了解观众的喜好、偏好和需求，确保这些产品真正能够满足他们的追求和期待。通过为直播间引入特点突出的产品，能够为观众提供真正有价值的选择，让他们在直播间中获得更加丰富和满意的购物体验。

这些产品以其独特性和突出特点吸引观众的目光，使观众感受到与众不同的购物乐趣和满足感。在直播间中推出特点突出款的关键是提供与众不同的产品选择，呈现出独特的品位和风格。这些产品可能具有独特的设计、创新的功能、高品质的材料或发行量的限制，让观众在购物过程中感受到稀缺性和特别性。通过精心选择和推出特点突出的产品，能够为直播间注入独特的魅力，吸引更多观众的关注和参与。这些产品将成为直播间的亮点，为观众提供与众不同的购物体验，进一步巩固直播间的品牌形象和市场地位。

5. 应季刚需款

为了吸引更多自然流量，可以提供符合当季需求的刚需产品，例如，夏季的泳装、风扇和防晒霜，冬季的电热毯和暖手宝等。这些应季刚需款不仅能够引起观众的兴趣和关注，还能够满足他们在特定季节的需求。了解观众的需求，并提供与季节相匹配的产品，为他们带来实用、舒适和便捷的解决方案。然而，在提供这些产品之前，需要做好库存管理，避免进货过多造成积压。

可以根据过去的销售数据和市场趋势来预测观众需求，并及时调整进货量。通过精细的库存管理，能够确保有足够的产品供应，满足观众的需求，同时避免库存过多而造成浪费。应根据季节需求和市场反馈，以应季刚需款作为直播间的关键产品，吸引更多自然流量和观众参与，灵活调整产品的供应量，以保持合理的库存水平，为观众提供及时可用的商品。

四、构建直播电商的供应链体系

随着时代的变迁，传统的商业模式正经历着深刻的变革，直播电商领域的竞争格局日益复杂。在直播间的繁华背后，货品管理、库存控制、物流效率及售后服务能力等因素，均会影响消费者对直播间、品牌及主播的认可度。因此，在"后主播时代"，电商直播的核心竞争力已从主播个人魅力转向供应链的综合实力。

1. 电商直播供应链解析

电商直播供应链作为综合性服务机构，其运作始于商品的采购，通过精准掌控信息流、物流及资金流，高效转化为中间产品及最终产品，并最终借助互联网平台将产品送达消费者手中。简而言之，直播电商的起点是直播，但其终局则取决于供应链的稳健与高效。无论直播间的视觉呈现如何华丽，主播的口才如何出众，最终决定消费者选择的关键因素仍是商品的质量与价格。

2. 电商直播供应链的重要性

（1）灵活应对需求波动　在电商直播模式下，为保持直播间的持续吸引力，需不断推出新品。而直播间内订单的骤增骤减，对供应链的响应能力提出了极高要求。

（2）提升用户消费体验　电商服务的范畴远不止于购买环节，更会延伸至消费后的各个环节，例如，仓储、配送及用户服务等。因此，供应链服务商需具备综合化的服务能力，以满足不同用户的个性化需求，进而不断提升整体消费体验。

（3）强化供应链定制能力　电商直播模式为供应链带来了前所未有的赋能机遇。它不仅缩短了供应链环节，使电商直播能够直接连接工厂与消费者，还通过直播数据的即时反馈，帮助品牌精准定位并覆盖潜在消费群体。这一过程不仅提升了供应链的响应速度，还显著增强了其定制化生产能力。

3. 常见的直播电商供应链模式

（1）品牌集合模式　供应链利用自身优势资源，通过和线下专柜品牌合作，建立自己的直播基地，对外邀请主播来带货。

优点：所有库存均由品牌方承担，实际上就是赚取差价，并没有太大的库存风险。

缺点：纯靠外部主播来消化，没有自己生产的产品，不做电商运营，也没有孵化主播，营收不稳定。

（2）品牌渠道模式　品牌方具备一定的线下门店基础，依托原有的资源，创建供应链，定期开发一批款式的产品，邀约外部主播或寄样合作。

优点：款式新，与主播风格的匹配度高，转化率相对较高，利润由品牌方控制，因此自由空间大。

缺点：品牌方开发周期长，款式更新较慢，数量不多，没有专业的电商运营团队，主播邀约难度较大。

（3）代运营模式　找专业的代运营机构，利用其专业的电商知识，帮助商家解决电商环节的问题，也可以邀约主播过来进行直播，商家只需支付提成或服务费。

优点：无须场地和货品，直接帮商家操盘，赚取返点或中间差价，无库存风险，毛利固定，只需要有一个直播团队。

缺点：没有固定的合作商家，这种模式适合短期赚快钱，不适合长期发展。

五、农村电商供应链建设策略

1. 乡村振兴背景下农村电商供应链的特点分析

1）资金流、信息流与农产品物流之间具有较高的协调性。一般情况下，要想保证电商农产品在供应链体系中的高效流通，资金流、信息流和农产品物流之间应具备相互的协同作用。互联网时代下的农产品供应链体系中，广大消费者在各大电商平台的应用客户端，可以充分了解农产品的数量、价格和配送时效性等相关信息，同时还可以在线支付以完成商品的整个交易过程，保证资金流处于动态的流动之中。消费者在完成整个交易流程后，电商平台的后端能够收到该订单的全部信息，并将其发送给农产品所属仓库，从而保证信息流的及时传递。消费者和商品零售企业使用自己的账号登录电商平台云端或物流企业官网，可以实时掌握商品的物流状态。由此可见，在互联网时代下，农产品的电商供应链需实现商品资金流、信息流和物流的高效深度融合。

2）供应链流通速度提升，要求企业准确预测市场需求。果蔬类农产品的物流配送过程往往会受到时效性等因素的限制，因此配送和储存对冷链物流技术也有着较高要求，在前期投入时通常会耗费较大的运输、储存成本，要想尽可能控制各类成本，供应链下游的零售企业就必须全面挖掘潜在消费者的相关信息，准确预测市场需求。在整个农村电商供应链中，电商平台可从上游的零售企业采购各类农产品并严格把控其数量和质量，有效避免库存积压情况的出现，保证供应链体系具有良好的柔韧性，降低农产品的储存成本。但因为市场需求经常会出现波动，电商平台还应留有一定的安全库存，来应对果蔬类农产品的需求可能出现突然猛增的情况，此时如果因为库存不足而导致消费者购买失败，对平台的口碑和形象都会产生负面影响，甚至导致消费者流失，所以，供应链体系中的各类电商企业一定要精准预测农产品的市场需求。

2. 农村电商供应链建设策略

农村电商供应链建设策略是一个多方面、多层次的系统工程，涉及政策支持、基础设施建设、技术创新、人才培养等多个方面。以下是一些基于搜索结果的建议策略：

（1）政策支持与环境优化 国家和地方政府应继续出台支持农村电商发展的政策，为农村电商供应链建设提供政策保障和资源支持。

（2）基础设施建设 加强农村地区的网络基础设施建设，实现"县县通5G、村村通宽带"，提升农村互联网普及率，同时加快农村物流配送体系建设，提高"快递进村"比例，疏通农产品的"最先一公里"。

（3）技术创新与应用 利用5G、人工智能、大数据、物联网等新兴数字技术，对农村商业网点进行数字化改造，打造多种消费场景，如网订店取、生鲜直送等，提升供应链效率和消费者体验。

（4）人才培养与技能提升 加强对农村电商人才的培训，提升农民的电商技能，特别是直播电商、跨境电商等新业态的运营能力，通过实施青年农村电商培育工程等措施，培养农村电商带头人。

（5）农产品品牌建设与质量保障 推动农产品品牌化、标准化生产，加强农产品质量安全监管，提升农产品的市场竞争力和消费者信任度。

（6）供应链服务企业培育 引导和支持农村批发企业、运营服务商等向供应链管理服务转变，提供专业化的供应链服务，促进农产品上行效率。

（7）多业态融合发展 推动农村电商与乡村旅游、休闲农业等产业融合发展，创新农村电商应用场景，拓展农村电商的服务范围和市场空间。

（8）金融支持与服务创新 金融机构应提供更多适合农村电商发展的金融服务，如网商银行推出的小微资金管理解决方案，支持农村电商供应链建设。

（9）合作与协同 鼓励不同部门和企业之间协同合作，例如，供销社、电商、快递等，共同推进农村物流配送体系的建设，实现资源共享和优势互补。

通过上述策略的实施，可以有效推动农村电商供应链的建设，促进农村经济发展和农民收入增长。

工作页

任务单

1. 工作任务描述

新会葵艺作为江门新会的特色工艺品,将亮相南国书香节主会场,飞扬农场数百份葵艺产品将在书香节会场销售,在登上书香节舞台前希望能通过农村电商产业园平台对葵艺产品进行网销预热,并借助产业园已养成的稳定直播号对葵艺产品和葵艺技术进行宣传推广,让更多人认识葵艺,认识葵乡,认识新会。

学生葵艺作品

农村电商产业园接到任务后,立足于直播间的品牌建设,想把葵乡的城市名片转化成直播间的品牌名片,准备策划一场以葵艺宣传为主要内容,进行品牌知名产品销售的直播活动。

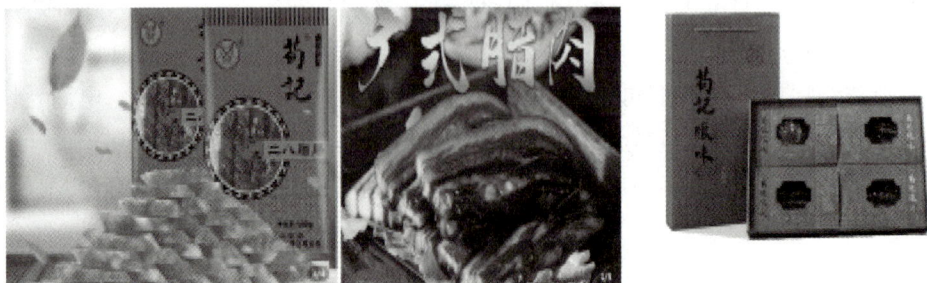

品牌知名产品

产品信息表

序号	所属街道	企业名称	产品名称	产品图片	产品规格	产品简介	市场价格	直播间价格	份数	是否参与抽奖或秒杀	其他情况（包邮等）	快速
1	会城街道	飞扬农场	广式二八腊肠		500g/盒	二八腊肠是经典款广式原味腊肠用料精良 食材：肉馅采用优质猪脊肉和猪后腿肉，肠衣用优质猪肠吹衣（与肉融合，嚼时口感无渣） 成品色泽：晶莹剔透、不添加色素，蒸出来的油非常清 肥瘦比例：二肥八瘦（黄金比例，天然健康） 味道：闻起来有高粱酒的清香味，吃下去味道微甜，不油腻，口感有弹性 做法：切片或原条与饭、面同同蒸（饭会吸收腊肠的油脂）；炒时蔬	95元/盒	66元/盒	50	否	不包邮，建议自提	邮政快速
2	会城街道	飞扬农场	广式腊肉		500g/盒	广式精制腊肉用料精良，肥瘦分明 食材：猪肉精选国产土猪五花带排骨肉制作，制作过程中无任何化学添加剂 味道：闻起来带有豉油香，吃起来香而不腻，口感微咸 做法：煲仔饭；炒时蔬	96元/盒	66.8元/盒	50	否	不包邮，建议自提	邮政快速
3	会城街道	飞扬农场	精装大四喜礼盒		1000g/盒	过年过节送礼推荐礼盒，多口味，多选择 产品：广式腊肉、广式腊肠、鸭肝腊肠、鸭豉片共4款，每款约250g，一共是1000g 食材：鸭豉片由腊鸭胸肉制作而成	253元/盒	183元/盒	50	否	不包邮，建议自提	邮政快速

（续）

序号	所属街道	企业名称	产品名称	产品图片	产品规格	产品简介	市场价格	直播间价格	份数	是否参与抽奖或秒杀	其他情况（包邮等）	快递
4	会城街道	飞扬农场	葵艺花系列装饰品		个	新会葵艺始于魏晋，是国家级非物质文化遗产，蕴含着千年华夏文化精神文明，是一种活态历史艺术文化。本产品主要以新会蒲葵为材料，通过设计、剪裁、粘贴等步骤制成各式各样的葵艺花，再通过染色或搭配不同干花，借助玻璃罩组合成新型葵艺装饰品，也可以借助花包扎成花束，或制作成插花等。葵艺花的制作经过精心设计，可制成仿真的月季、百合、康乃馨、菊花等。	200元	180元	100	否	不包邮，建议自提	邮政快递

2. 工作任务要求

过程要求	质量要求
农村电商产业园的直播创业团队收到直播推广任务后，根据直播推广任务，明确直播的渠道、内容，制订直播计划并撰写直播活动策划书；像和农村电商有限公司的实际情况，分析农产品用户画向运营总监汇报方案情况，做出策划方案；完成直播脚本编写、资源准备、场景布置、直播预告等在直播间完成60min的全流程单品直播销售；直播活动结束后，及时跟进售后问题并进行直播活动复盘、撰写分析报告上报运营总监。完整的直播流程要求在10个学时内完成	农产品直播需严格遵守《中华人民共和国电子商务法》《中华人民共和国广告法》《中华人民共和国产品质量法》《互联网直播服务管理规定》、平台活动规则及产业园的管理制度等

课前、课中和课后工作页请参考本书配套资源。

▶ 微任务 11

区域性名特优新农产品直播——新会陈皮农产品直播

📋 情境引入

全省第一！广东省江门市 45 个农产品品牌入选省名特优新农产品

2020 年 9 月 10 日，广东省农业农村厅公布了第三届名特优新农产品名单，全省共 339 个农产品入选，江门市有 45 个农产品入选，入选数量位居全省第一。

江门市农业农村局相关负责人介绍，本次入选的农产品包括新会小青柑、新会陈皮茶、新会柑茶、台山白云茶等茶产品，鹤山粉葛、台山黑皮冬瓜、恩平簕菜、恩平马铃薯等蔬菜产品，礼乐葡萄、恩平莲雾、双水黄皮果蔗等水果产品，还有恩平濑粉、

入选品牌库的新会小青柑

恩平烧饼等特色小吃，以及开平烤海鸭蛋、开平皮蛋等佐餐蛋制品等。该负责人认为，"发展名特优新农产品，是推进农业品牌化，促进传统农业向现代农业转变的有效途径，也是提高农产品质量安全水平和竞争力的迫切要求。"

近年来，江门市依托区域优势，突出地方特色，深入挖掘资源，积极引导具备培育价值和市场前景的农产品打造优势特色品牌产业，以点带面，推动标准化品牌培育，兴业富农，培育有农产品地理标志 15 个、"三品一标"农产品 199 个、国家名特优新农产品 2 个、省级特色农产品优势区 6 个及区域公用品牌 48 个。

👤 职业素养

名优果品频遭假冒，地理标志产品如何保护

近年来，由于气候条件适宜，阳山水蜜桃产量大增。阳山水蜜桃因其高品质获得了多项国家荣誉，桃农们开始通过电商平台直播销售。然而，市场上出现了许多假冒的阳山水蜜桃，给消费者和真正的阳山水蜜桃桃农带来了困扰。为了解决这个问题，桃农协会向江苏省无锡市惠山区检察院反映了情况。

检察院通过实地调查和大数据分析，发现确实存在售假现象，这不仅扰乱了市场秩序，还严重侵犯消费者权益。为了打击这些不良商家，保护阳山水蜜桃这一品牌，检察院采取了一系列措施，例如，推动建立了一个快速处置机制，对未获得授权的网店进行警告或下架处理；与其他部门合作开展了品牌保护公益诉讼专项行动，以保护阳山水蜜桃的品牌和核心产区的生态环境；检察院推动建立了一个白名单监管机制，确保只有经过认证的商家才可以在电商平台上销售真正的阳山水蜜桃，这一措施提高了销售链条的透明度，让消费者更容易识别正品，同时也让桃农们感到安心。

阅读以上相关信息，思考以下问题：

① 新会区的其他名优产品是否也存在同样的问题？

② 如何守好名优产品？

知识与技能

一、名特优新农产品和特质农品的概念

1. 名特优新农产品

名特优新农产品是指在特定区域内生产、具备一定生产规模和商品量、具有显著地域特征和独特营养品质特色、有稳定的供应量和消费市场、公众认知度和美誉度高的农产品，由县级名特优新农产品主管机构申请，经农业农村部农产品质量安全中心登录公告和核发证书。

2. 特质农品

特质农品是指产自特定产地环境条件，具有稳定且可感知、可识别、可量化的独特品质特征，具有一定生产规模，有稳定的供应量和消费群体，并经国家农安中心登录的农产品。

二、名特优新农产品和特质农品的区别

名特优新农产品和特质农品是标示农产品来源和品质的两种不同方式，其异同主要体现在以下几个方面：

名特优新农产品和特质农品的异同

名称	名特优新农产品	特质农品
范围	包括种植业和养殖业产品及其产地初加工产品	包括种植业和养殖业产品及其产地初加工产品
申请主体	县级名特优新农产品主管机构	规模化生产经营主体
证书有效期	长期有效，但需要每年进行确认	3年，到期后需要重新申请确认
鉴定报告	需要提供3~5个营养品质指标的评价鉴定报告	需要提供1~2项独特品质特征的技术评价鉴定报告

三、抖音投放目标的选择

1. 系统推送

系统将依据用户行为的大数据分析，识别每位用户的偏好，并据此将相关视频推荐给那些对该类视频或特定"关键词"感兴趣的用户。因此，建议提前明确账号定位，并为视频设置相关关键词，以便更多潜在用户能够发现该账号下的作品。

2. 自定义推送

选择购买 Dou+ 服务的用户能够自由地挑选目标用户，并定制投放策略。通常，可以指定性别、年龄、地理位置等参数。例如，如果计划销售足球产品，则可以将广告定向推送给年轻人、大学生群体及那些热衷于体育运动的人士。

3. 达人相似粉丝投放

这种推送方式是在购买 Dou+ 服务后启用的，它会向与你视频的创作风格相似的其他创作者的观众群体进行推荐。例如，如果你是一位歌手，你便可以选择向抖音上其他歌唱达人的粉丝群体进行精准推送。

四、抖音作品推广中投放目标的选择

1. 掌握抖音的推荐算法

抖音的推荐算法类似于赛马机制。具体来说，视频上传后，抖音会先将其展示给 3~500 名用户。接下来，根据这些用户对视频的互动情况，例如，点赞和评论等数据指标，算法将决定是否将视频推广给更多的用户。如果视频达到下一个流量阈值的标准，则推荐将继续；反之，则不会获得额外的流量。了解并掌握这一算法机制，有助于以较小的投入实现视频的广泛传播和更高的曝光率。

2. 为账号添加标签

为账号添加标签可以吸引关注这些标签的用户，即潜在客户，从而帮助获取更精准的流量。以下是三种有效的标签添加方法。

1）在创作者服务平台中，找到互动管理选项。在互动管理中，选择"重点关心"功能，并添加关注的对标账号（最多十个）。完成添加后，系统将推荐与这些账号互动过的用户流量。

2）在创作灵感区域，可利用关联视频搜索功能，在这里输入关键词，系统将推荐那些曾经搜索过这些关键词的用户流量。

3）打开抖音应用，点击右上角的三个点，进入更多功能菜单，选择"上热门"选项，在该页面找到消息订阅功能，在这里选择视频类型，并完成设置，即可吸引对该视频类型感兴趣的用户流量。

3. 自定义达人投放

自定义达人投放方法是指寻找与品牌或内容相匹配的行业达人进行广告投放。可以在系统提供的 25 个垂直行业中挑选适合的业务领域。或者可以在抖音上使用巨量算术功能，输

入所在行业的关键词，进行关联分析。接着，挑选几个热度高的关键词，使用抖音的搜索功能，来查找与你的作品风格相似且数据表现突出的达人。系统将向这些达人的粉丝群体推荐你的视频，从而提高广告的精准度和效果。

五、抖音广告投放步骤

1. 开户

官方：官方帮助广告主开户需要收取 1000 元手续费，但是后期不会给予任何的投放建议。

代理商：每个代理商的经营模式存在不同的标准，例如，部分代理商不仅帮助广告主开户，还会在开启后提供代运营服务。

2. 充值

官方需要预充值 10000 元以上，而代理商的收费标准存在差异，不同的代理商收费不同。

3. 资质审核

审核营业执照、法人身份证明、相关行业资质证明或许可证等。

4. 投放广告

抖音平台提供了一套独立的广告管理系统，允许广告主自行投放广告，或者委托专业的第三方代理商来执行。这些代理商对目标客户群体的需求有着更深入的理解，因此在设计广告素材时，能够更准确地把握用户的真实需求，从而实现更好的广告效果。

六、抖音广告投放方式

1. 抖音开屏广告

可使用短视频作为抖音开屏广告。抖音平台的开屏广告作为用户首次接触的界面，拥有强大的视觉冲击力，能够有效地吸引并锁定目标用户群体中的年轻一代。

2. 抖音信息流单页广告

通过多种短视频形式，可以展现原生的样式，并提供竖屏的全新视觉体验。这些视频与账号紧密关联，有助于吸引并聚集粉丝。此外，单页广告支持多种分享和传播方式，运用灵活，同时兼容多种广告格式和优化效果。

3. 抖音贴纸

定制品牌专属的抖音贴纸，例如，2D 脸部挂件贴纸和 2D 前景贴纸，可以提前设计多款贴纸，以确保每周都有更新。

4. 抖音达人合作

抖音达人合作指由抖音平台上的影响力人物为广告主制作并发布商业推广视频的广告服务。达人会根据广告主的拍摄要求提供文字版视频创意脚本，待文字版脚本得到确认后，进入视频拍摄环节。待视频内容确认无误后，达人将在广告主指定的时间内，在其抖音账号上发布该视频。

七、巨量千川产品介绍

巨量千川为小店商家构建了一个全面的广告投放一体化平台，该平台独立于 Dou+ 和巨量引擎的账号体系及资金池。它支持多种带货方式，包括直播、短视频、图文等，并且能够实现移动端和 PC 端的双端投放。

1. 版本介绍

巨量千川目前分为三个版本：PC 端依据投放自动化程度分为专业推广和极速推广，移动端为小店随心推。

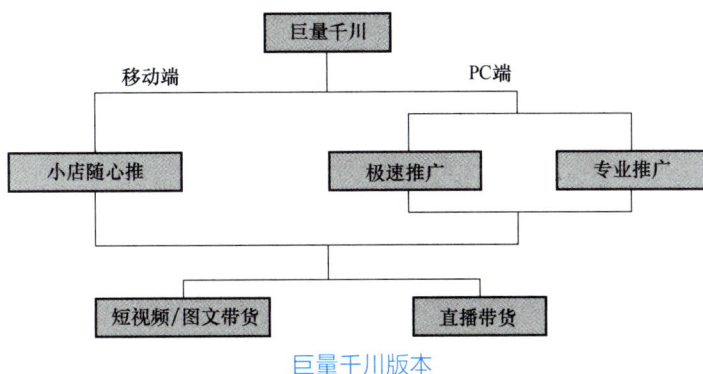

巨量千川版本

（1）小店随心推　小店随心推是专为抖音平台上的推广者设计的轻量级广告产品，旨在帮助小店商家和电商达人等推广其商品。该产品能够实现多元的投放优化目标，更好地满足电商用户的投放需求，同时支持增加粉丝、提高互动等浅层次的营销目标。

（2）极速推广　极速推广专注于设定总预算和出价等核心参数，而人群定向设置等策略可交由系统自动优化处理，从而大幅度降低操作成本，非常适合缺乏投放经验的新手。

投放设置

（3）专业推广　专业推广模式对投手的投放能力和经验提出了较高的要求。与极速推广相比，它支持自定义设置投放速度和更精准的人群定向设置。这种模式更适合那些具备一定投放经验的投手，特别是那些拥有固定开播计划和精准定向需求的直播团队。

2. 投放方式的选择

在广告投放策略方面，巨量千川平台提供了两种主要的投放模式：控成本投放和放量投放。

1）控成本投放，正如其名，旨在确保广告成本在可接受范围内，同时尽可能地利用预算，确保实际的转化成本大致保持在出价水平。这种模式适合那些预算有限且对投资回报率（ROI）有严格要求的直播场景。

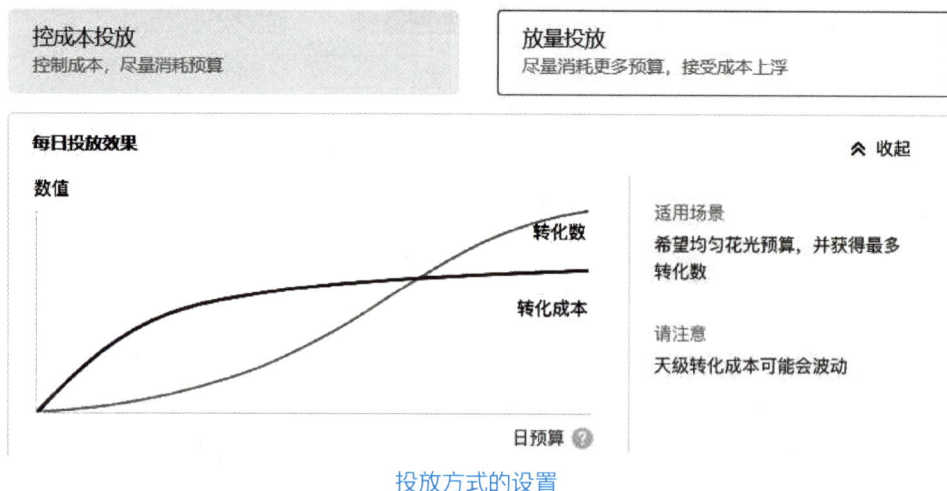

投放方式的设置

2）放量投放的核心策略是尽可能地消耗预算以吸引更多的流量，即使这意味着实际转化成本会有所增加。这种模式更适合那些急需增加流量的直播间。例如，在直播过程中，如果某个时段主播介绍的商品受到观众的热烈追捧，下单转化率显著提高，那么在确保库存充足的情况下，可以立即增加投放力度，以在短时间内吸引更多的观众，从而进一步提升该商品的下单转化率。

3. 转化目标的选择

千川平台支持双重转化目标策略。在控成本投放策略中，除了可以选择"进入直播间"或"直播间商品点击"作为转化目标外，还可以同时选择"直播间下单"这一转化目标。根据营销目标的不同，转化目标的选择搭配也会有所差异。通常，存在以下三种主要的搭配方式：

1）如果追求带货业绩，转化目标选"直播间商品点击 / 直播间下单"。

2）如果追求人气互动，转化目标选"进入直播间 / 直播间粉丝提升 / 直播间评论"。

3）如果追求获取精准的直播用户，选择双转化目标"进入直播间 + 直播间下单"或"直播间商品点击 + 直播间下单"。

对直播间来说，无论转化目标是带货业绩、人气互动还是获取精准用户，在衡量投放效果时，流量和ROI都是最重要的指标。除了评估其直观带来的在线人数，还需要衡量付费流量在整体流量中的占比，以及付费流量带来的投放转化效果。

针对巨量引擎（FEED）、Dou+、千川的投放效果评估，直播间观看流量的来源分布被清晰地划分为自然流量、FEED流量、Dou+流量和千川流量。这一划分极大地简化了直播团队在评估直播间流量投放效果时所面临的问题。系统能够基于这些流量来源，直观地展示全场ROI、千川投放ROI、FEED投放ROI和Dou+投放ROI，使直播团队能够在直播过程中实时监控并随时调整投放策略。

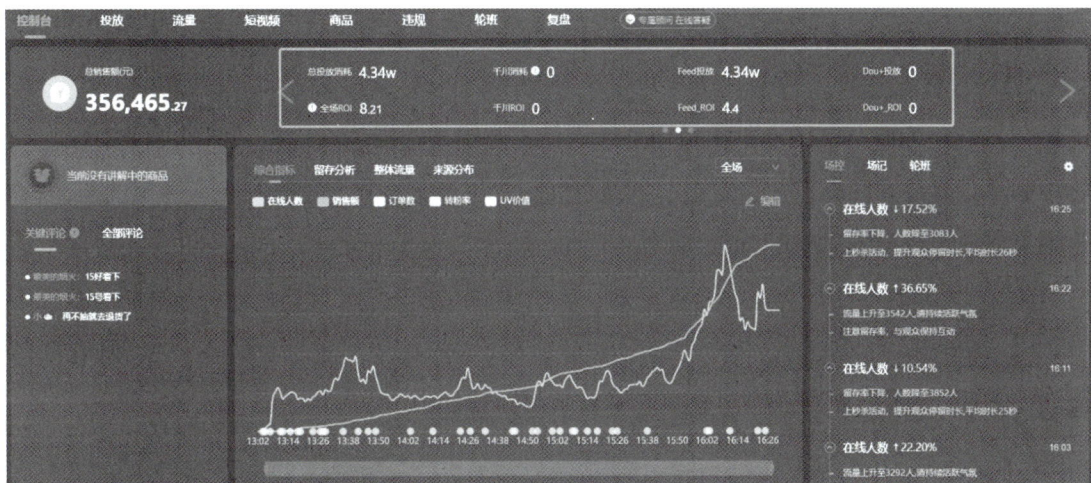

千川控制台数据

此外，可以在开播前搭建不同转化目的的投放计划，在直播过程中，根据直播间实时流量和下单的情况完成动态调整。飞瓜智投支持付费广告投放数据实时监测，时间颗粒度上可以选择最低每10min的投放消耗金额，以及投放带来的转化数据，在投放时做到了然于胸。

4. 创意形式的选择

关于巨量千川直播间投放形式的选择，目前支持直播间直投和短视频素材两种形式。

对于大多数直播间来说，直播间画面直投的门槛较低，传递给用户的直播间观感更加到位，适用于短视频制作能力较弱、对素材内容要求不高的直播间，在直播间布景优化到位的情况下，也能取得较好的引流效果。

而短视频引流直播间对引流素材质量要求较高，素材质量越高，则引流效果越好；一般建议在开播前4h左右提前发布预热视频，同时可以在直播过程中不定期发布引流视频。可实时查看每个预热/引流视频的播放、点赞、评论数据，更重要的是能直接评估每个视频发布后带到直播间的引流数据。

5. 人群定向设置

（1）基础人群定向 对于基础人群定向的设置，品牌商家根据产品的核心受众人群，选择好适合的性别、年龄即可。

另外可以根据产品的特性有针对性地布局一些重点地区，例如，高客单价女装的潜在用户分布以一二线城市为主，而四五线城市人群消费力相对较低，此时可不选或少选。

（2）行为兴趣定向（以行为定向为例）　行为定向中涉及行为场景、行为时限、行为类目词和关键词这四个关键维度的选择。

对于行为场景，在以卖货为导向的直播间中，要选择"电商互动行为"的人群。

对于行为时限，即用户行为发生在多少天内，可按照实际需求选择不同长度的时间，时间不同，总覆盖人群也随之变化。

而行为类目词和关键词可同时叠加选择，选择与自己商品所在行业强相关的行业词和关键词。

另外，也可以选择与自己商品受众相同的商品所在行业，例如，女装产品除了可以选择女装的行业词和关键词，也可以选择化妆品的人群定向。

（3）达人定向　达人定向是通过选择与自身产品或品牌相关的达人来进行定向的一种方法。其主要选择维度为互动行为、互动时限、达人类型和具体达人。

八、抖音流量资源的筛选要求

1. 抖音直播的流量入口

抖音直播的流量入口包括视频推荐、直播广场、同城推荐、直播排行榜、关注账号的粉丝、直播间连麦 pk、私域流量、系统推送或广告投放。

2. 提高直播间点击率和转化率的方法

直播间预期点击率和转化率是指上一场直播中最后 5min 的点击率和转化率，以及上一场的"热度"。所以可能常常会看到主播选择在直播间最热的时候下播，"锁住"了前场直播间比较好的排名，从而保证在下场直播开始就能有比较好的流量推荐。通过截流，主播可以避免在直播高峰期过后人气迅速下降，同时也能使观众保持对下一场直播的期待。

利用这个原理，假设直播间点击率不变的情况下，想要提高展现排名，就需要提高转化率。

排名展现公式：流量池排名 = 前 5min 的点击率 × 前 5min 的转化率 × 出价

3. 冷启动期直播间缺少流量的原因及对策

冷启动期直播间缺少流量，可用福利品和主播来破局。在不投放广告的前提下，"直播推荐"→"推荐 Feed 流"和"直播推荐"→"推荐广场"通常是直播间流量最重要的组成部分。

对于电商直播间而言，如何能获得更多的"推荐 Feed 流"的流量呢？

1）要做好直播间内的转化，提升每一个观众在直播间中的生命周期。

① 互动指标：包含观众停留时长、加入粉丝团、关注、评论、点赞等行为，体现了观众对于直播内容的兴趣度，进而影响直播间热度及系统基于直播间热度的推荐。

② 商品指标：包括商品曝光、商品点击、订单生成、订单购买，体现的是观众对于商品的兴趣度，进而影响系统基于商品的人群推荐。

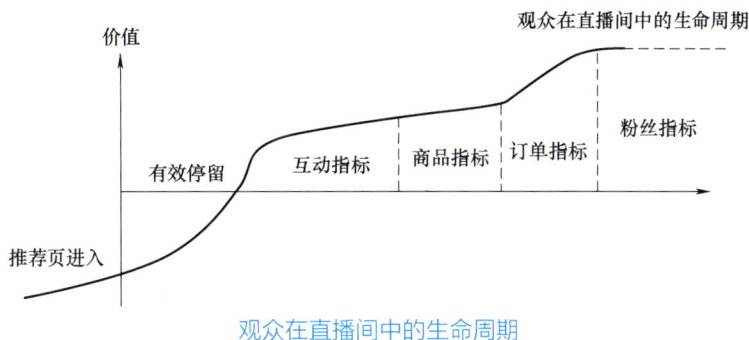

观众在直播间中的生命周期

③ 订单指标：体现的是直播间的变现效率，直播间越成熟，对于订单指标的考核力度就越大。订单指标包括 GMV、UV、GPM（千次展示成交额）、购买转化率等。

④ 粉丝指标：包括活跃粉丝看播占比、粉丝 UV、粉丝互动率等。体现粉丝对直播间的兴趣，一旦粉丝对直播间的兴趣度降低，就会影响直播间整体的流量。

2）做好短视频。短视频是为直播间引流、撬动更多直播间自然推荐流量的最佳方法。

除了直播推荐流量和广告流量外，直播间内的流量来源还有三种渠道，分别是关注、搜索、同城。

① 关注。关注是所有电商直播间后期的核心竞争力，LTV（粉丝生命周期价值）将变得越来越重要。

② 搜索。搜索的红利点在于对默认推荐页内容的影响。当用户在搜索 tab 产生搜索行为，回到默认推荐页后，系统会基于用户搜索的关键词在默认推荐页中推荐与之相关的视频或直播内容。

③ 同城。同城流量更适合本地商家或拥有地域经销商的品牌去经营，购买转化率相应会更高。

九、数据监控工具的使用方法

1. 直播大屏

（1）直播数据　直播数据模块提供实时核心指标分析、趋势展示和近 5min 数据，支持场记和预警功能，以优化直播策略。大屏涵盖五大模块：核心指标、整体趋势、实时评论、近 5min 数据和讲解商品。核心指标包括成交金额、进入率、看播时长等；整体趋势展示综合趋势、流量趋势和违规情况；实时评论可筛选；近 5min 数据突出关键指标；讲解商品模块显示成交和点击情况。

（2）实时商品　直播大屏显示商品数据，识别关键商品，调整讲解和库存，展示在线和成交趋势，提供商品点击、成交等关键指标，支持查看 SKU（最小存货单位）明细。商品列表中会显示商品基本信息、流量和成交数据，推荐返场商品，帮助商家管理库存和订单。人群画像大屏监测用户画像变化,调整选品和互动策略,支持查看用户性别、年龄、地域等信息,总结用户标签和差异点,帮助定位潜在购买用户。

2. 用直播大屏掌控直播节奏

1)把控全场趋势,调整商品讲解节奏。

① 商品数据功能:关注成交情况和观众人数趋势变化,同步观测商品数据,了解在讲解哪些商品时出现了成交/流量高峰,挖掘店铺爆品,调整商品讲解时间。

② 场记功能:随时记录直播中的突发状况和主播的话术,便于在直播过后进行复盘分析。

③ 福袋数据功能:观察福袋发放后直播间的流量和销售表现,找到能够让福袋发挥最大作用的时间点,复制互动策略。

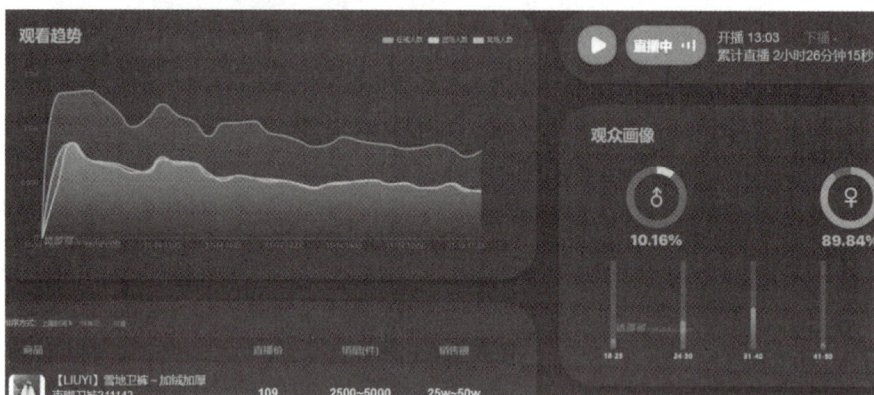

直播大屏

2)及时发现违规预警,调整直播话术。第一时间接收直播间的违规情况预警,及时整改,避免频繁违规影响直播间的销售和流量。

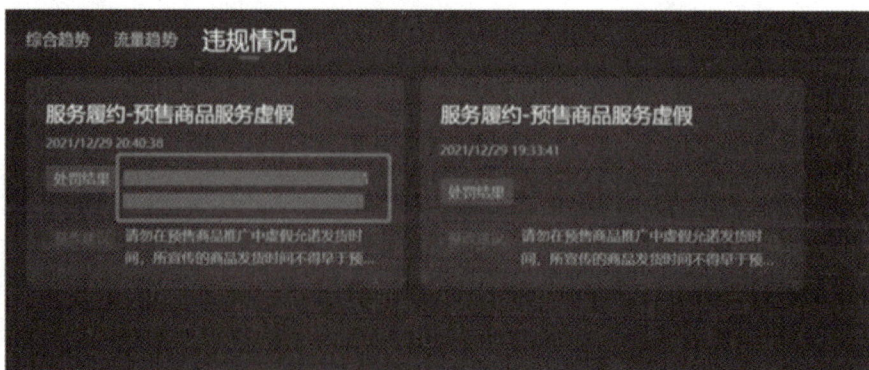

违规情况

3)了解各渠道流量变化,调整投流策略。自主设置流量阈值,实时监控流量过低或过高的场景。当实时在线人数小于某个值时预警场控,可点击大屏上方"千川投放"直接跳转投流页面；当实时在线人数大于某个值时预警主播，上架引流 / 秒杀品，留住涌入直播间的流量，提高购买转化率。

4）及时掌握商品库存，一键发现压单商品。压单商品清单中会显示已生成订单而尚未支付的商品信息，以及待处理的未支付订单的情况。此外，该清单还可指导主播采用恰当的话术策略，以促进顾客完成支付流程，并帮助消除顾客可能存在的任何疑虑。

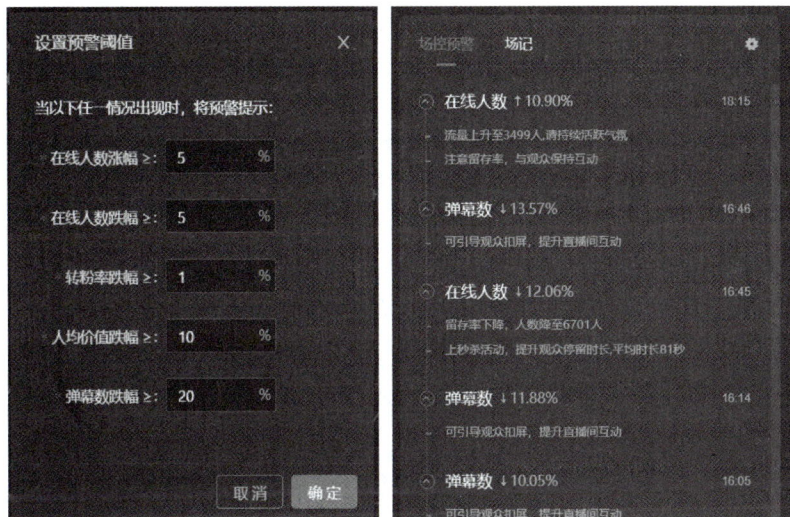

场控预警

工作页

任务单

1. 工作任务描述

为进一步繁荣侨乡消费市场，促进市场新业态发展，结合广东省商务厅"粤贸全国"系列活动的总体安排，将开展"粤贸全国·江门直播节"活动。直播节期间，将组织策划多项线上线下活动，通过直播带货扩大江门产品的品牌影响力。届时飞扬电商科技产业园内将有26 间直播间同时开播，超过 150 个知名品牌参与，吸引当地市民及全国网友关注，刷新江门直播新高度。

为了把当地特色的名优农产品利用直播电商平台大力推广出去，同时培育更多本地乡村振兴人才，江门直播节活动小组与农村电商产业园取得联系，邀请直播创业团队参与此次直播节。直播将在 10 月 23 日晚上 19 点以抖音直播形式给农户助力农产品销售。本次活动邀请产业园直播创业团队参与这次农产品直播营销工作。本次工作任务主要是推广新会本地名优产品，需要在选品汇上选择新会名优产品进行直播营销。

产品信息表

序号	所属镇街	企业名称	产品名称	产品图片	产品规格	产品简介	市场价格	直播间价格	份数
1	圭峰会城	飞扬农场	奶油鸡蛋卷		150g×2 盒	1. 每个鸡蛋都要在指定的环境经过人工挑选、清洗，合格才可以使用。2. 采用日本进口机器制作，先进工艺充分保留了鸡蛋卷的原始蛋香，还有 13 道工序严格把控产品质量。3. 鸡蛋卷层次感分明，口感酥脆	36.8 元/2 盒	29.9 元/2 盒	200
2	圭峰会城	飞扬农场	麦酥杏仁条		80g×2 盒	1. 经过多道繁复工序手工制作：制作水油皮，再切块冷冻后层层叠，冷藏继而切条成型，再铺上一层奶油及杏仁片，慢火烘烤。2. 36 层麦酥，层层酥脆，有浓浓的奶香、坚果香、麦香，甜而不腻	36 元/2 盒	19.9 元/2 盒	200
3	圭峰会城	飞扬农场	超切纸手帕（4 层 24 包装，自然无香）		24 包	这款手帕纸选用进口原木浆，不添加增白剂，亲肤柔白；长短纤维结合，手感厚实、富有韧性；采用压花工艺处理，独特美观的同时纸巾不易散开；采用 4 层设计，吸水性强，湿水不易破	29.9 元	9.9 元	200
4	圭峰会城	飞扬农场	小青柑		6 粒/罐，75g	这款小青柑普洱茶严选 5 年云南宫廷金芽熟普，在选料、工艺、仓储环境及陈化时间的把控上，均遵循科学标准，为实现越陈越香奠定基础。小青柑原料精心挑选，干干仓储存陈化冲泡时，茶香四溢、茶汤红浓透亮，滋味香醇甘甜、绵柔回甘，茶气悠长。每颗小青柑皆为甄选、柑皮肥厚、油包密集，一颗可多次冲泡，提神醒脑	78 元	29.9 元	200

（续）

序号	所属镇街	企业名称	产品名称	产品图片	产品规格	产品简介	市场价格	直播间价格	份数
5	圭峰会城	飞扬农场	陈皮溪黄茶		2.5g×10包	陈皮溪黄茶是由几种草本植物调配制成的袋泡茶，有新会陈皮、葛根、桑叶、荷叶、罗汉果、决明子、甘草等。其味道清甜滋润，可用热水冲泡，也可以在保温瓶中闷泡，还可以用矿泉水冷泡	48元/盒	48元/3盒	200
6	圭峰会城	飞扬农场	陈皮罗汉果		3g×10包	陈皮罗汉果是五年新会陈皮、罗汉果、桑叶和菊花这四种植物的组合；内袋材质是植物纤维，便于撕开；可以看到陈皮颗粒和其他原料本品可以用热水冲泡，也可以在保温瓶中闷泡，还可以用矿泉水冷泡；冲泡时，陈香十足、滋味浓郁，味道清甜	88元/盒	88元/2盒	200
7	双水镇	飞扬农场	澳洲檀香		10g/管	内装天然的养生檀香10克，新款便携式香管自带香插、简单方便。檀香提神醒脑，安神、稳定情绪，香味能够助眠	38元	19.9元	50
8	古井镇	飞扬农场	咸龙橘		150g/瓶	蟠龙橘生长于古井官冲。蟠龙橘树矮壮皮密，茎枝苍劲，虬结曲折，最为奇特的是该树的树干外形，从其根部到圣干，任在有酷似蟠龙缠绕而上的纹路，形状奇异，有身有尾，龙鳞突现，形状奇异，树树木同，因树身布满龙纹，因此被叫作蟠龙橘。咸龙橘是采摘新鲜的蟠龙橘清洗后腌制一年以上而成的，能化痰止咳，对慢性咽炎有辅助治疗的作用	100元	80元	50

2. 工作任务要求

过程要求	质量要求
新会农村电商产业园的直播创业团队收到"粤贸全国·江门直播节"直播推广任务后，根据直播的目标和要求，对直播产品进行分类并筛选出本地名优产品，明确直播的渠道、内容，制订直播计划并撰写直播活动策划书；向运营总监汇报方案情况，做出策划方案；完成直播脚本编写、资源准备、场景布置、直播预告等，在直播间完成 120min 的全流程名优产品直播销售；直播活动结束后，及时跟进售后问题并进行直播活动复盘，撰写分析报告上报运营总监。完整的直播流程要求在 8 个学时内完成	农产品直播需严格遵守《中华人民共和国电子商务法》《中华人民共和国广告法》《中华人民共和国产品质量法》《互联网直播服务管理规定》、平台活动规则及产业园的管理制度等

　　课前、课中和课后工作页请参考本书配套资源。

学习任务 **6** 地方特色农产品直播

代表性工作任务名称	地方特色农产品直播	工作时间	10 课时

代表性工作任务描述

我校与新会农村产业园、江门市供销社和电商协会合作，共同举办一场校内"乡村振兴大擂台"的竞赛活动

直播创业团队从运营总监处领取任务后，以团队为单位参加竞赛，挖掘新会当地特色农产品，根据历史销售数据、直播观看量进行直播爆单选品。根据直播的目标和要求，对供应商提供的带货样品进行产品试用、质量评估及资质证明审核实，明确直播的渠道、内容，制订直播计划并撰写直播活动策划书；制订直播销售周期目标及计划，向运营总监汇报方案情况，做出策划方案；完成直播脚本编写、资源准备、场景布置、直播预告等，做好直播活动实施及管控；直播活动结束后，及时跟进售后问题，以及进行直播活动复盘，撰写分析报告上报运营总监

质量要求：直播过程需要遵循《中华人民共和国电子商务法》《中华人民共和国广告法》《中华人民共和国产品质量法》《互联网营销》国家职业技能标准、互联网直播服务管理规定、平台活动规则及产业园的管理制度等

工作内容分析

工作对象：

1. 阅读分析直播推广任务单的，挖掘新会当地特色农产品，并按要求进行选品，与运营总监等相关人员进行沟通，与参与活动的企业或农户针对商品的供需问题开展线上或线下的交流，确认工作要求

2. 确认直播的目的、渠道、内容，制订直播计划，撰写直播活动策划书

3. 对直播策划书进行审核确认

4. 熟悉抖音直播的相关规则、流程与操作方法，编写农产品直播话术与脚本，准备资源、布置场景、直播预告，农产品直播实施、现场管理

工具、设备、材料与资料：

1. 工具：办公软件、XMind、图片处理软件、135编辑器、长风网 APP、微信 APP

2. 设备：计算机、手机、网络设备、打印机、直播设备

3. 材料、资料：打印纸、卡纸、素材库

工作方法：

1. 思维导图法：提取关键词，发散思维

2. 用户画像分析法：精准营销，数据分析

3. 信息检索法：收集农产品信息、案例、直播活动策划书内容、脚本和话术内容、微信商城直播指标和数据、报告案例

4. 二维码测试法：测试部分方案内容，检验可行性，测试直播话术和脚本内容

5. 软文推送法：制作软文并发布

6. 数据分析法：分析直播数据，形成报告

7. 归纳总结法：汇报展示作品

劳动组织方式：

以团队合作方式进行。由运营专员从运营总监处领取任务单，与运营总监、客户沟通，明确任务要求，与直播创业团队里其他人员合作分析任务

工作需求：

1. 能根据任务要求，合理分工，团队合作完成信息收集

2. 能获取用户企业的经营信息

3. 能分析农产品的信息

4. 能获取与分析农产品用户的信息特征

5. 能明确直播目的和要求，确定直播主题

6. 能根据任务要求，合理分工，团队合作制订直播计划

7. 满足任务单的要求和《互联网营销师》国家职业技能标准的前提下，撰写直播活动策划书，明确直播流程、工作时间进度、技术手段

（续）

代表性工作任务名称	地方特色农产品直播	工作时间	10 课时
	工作内容分析		

| 5. 分析及复盘直播效果，撰写分析报告，向运营总监汇报直播实施情况
6. 数据保存、文件规范存档，向运营总监上报分析报告 | 运营专员与美工专员、主播、推广专员、场控专员合作制订直播计划，撰写直播活动策划书。主播编写直播脚本，推广专员进行直播前的预热，美工专员进行直播间设置、产品上架，场控专员做好直播间搭建、资源准备，运营专员协调配合。以团队合作形式完成直播实施和现场管理

直播实施后，直播创业团队协作进行数据收集和分析，分工撰写分析报告。最后由推广专员向客户企业及企业专家进行直播情况汇报，企业专家进行点评。任务完成后将直播计划、直播活动策划书、分析报告文件交付运营总监验收 | 8. 能依据直播目标及要求，对直播效果进行分析及复盘
9. 能按规范格式撰写分析报告
10. 项目资料内容完整（直播计划、直播活动策划书、脚本、预告、分析报告等）
11. 格式规范，分类整理
12. 符合企业要求，遵守保密制度 |

职业能力要求

学生应能完成地方特色农产品直播活动策划和农产品直播活动中需执行的工作任务，在工作过程中注重自我学习和提升，具备独立分析与解决常见问题的能力，具有成本意识、创新思维、商业敏感性，具备时间管理、现场管理、沟通交流、团队合作等职业素养，具备爱国爱乡的情怀，具备服务乡村振兴、发展农产品电商的志向和热情。具体包括以下几方面

1. 能根据任务单要求，与用户、运营总监等相关人员进行专业沟通，明确工作内容和要求，并提出创新性建议
2. 能查阅相关资料，结合项目功能性、经济性、环保性等指标要求，分析和选择最优的直播方案，梳理直播思路、技术手段、工作时间进度等内容，制订具有可行性的策划方案
3. 能向运营总监汇报直播活动策划方案内容，根据反馈意见完善、确定最终方案
4. 能按照农产品直播活动策划方案，根据《互联网营销师》国家职业技能标准，团队协作完成农产品直播选品、脚本编写、资源准备、场景布置、直播预告、农产品直播活动的实施、现场管理、复盘等工作
5. 能对农产品直播推广效果进行分析，撰写分析报告，将直播销售数据、评价结果等文档按要求及时保存
6. 能对比往期农产品直播推广效果，总结经验，分析不足，提出改进措施

新会特色农产品直播

情境引入

大鳌镇成为广东省唯一以虾养殖为主导产业的国家农业产业强镇；新会陈皮高居"2022中国地理标志农产品（中药材）品牌声誉榜"第三位；11 个镇（街）纷纷晒出乡村振兴"成绩单"……近年来，新会乡村振兴建设成效显著，农业农村发展呈现出一派欣欣向荣的景象。

2022 年，新会陈皮全产业链总产值达 190 亿元，带动全区 7 万人就业，人均增收超 2.2万元。为了把"小陈皮"做成"大产业"，新会区健全体制机制，强化产业规范管理，上线运行数字化溯源管理系统，加快建设新会陈皮监管仓库，实行新会柑从采摘到交易全过程溯源管理。建成新会柑（陈皮）种质资源保护与良种苗木繁育中心、新会陈皮文化与产业博览中心，打造了新会陈皮村、陈皮小镇、陈皮文化主题酒店等文旅融合体，助推新会陈皮产业高质量发展，成为全国富民兴村产业标杆之一。接下来，新会将立足陈皮药食同源的特性，持续大力发展绿色种植、精深加工、文化旅游等产业，促进多种产业融合，进一步延伸产业链、提升附加值，推动新会陈皮产业迈上更高台阶。

职业素养

三无产品泛滥于直播间，安全问题成为消费者投诉的焦点

消费者葛先生收到货物后，惊讶地发现他在直播间里"拼手速"抢购的那箱荔枝个头小，味道淡，部分果壳已经泛黄、发褐，甚至出现了霉斑，与他记忆中的"荔枝王"大相径庭。

葛先生曾因工作多次前往盛产荔枝的某省，当地独特的土壤孕育出的荔枝享誉盛名，高品质的荔枝价格不菲。当听到主播在直播间热情推销"大颗饱满""全网最低价""购买绝对物超所值"时，葛先生支付了 89 元购买了 1500g 荔枝，结果到手的荔枝品质远低于预期。

"绝对新鲜""几乎和鸡蛋一样大"……葛先生事后反思自己冲动下单的原因，与主播在镜头前剥开果壳展示荔枝肉的新鲜，以及用鸡蛋做大小对比不无关系。直观的视觉冲击力让他相信商家出售的就是"荔枝王"。后来他才意识到，这是商家利用滤镜和镜头角度制造的视觉假象。

与葛先生相似，在直播间购买食品后感到"吃亏"的消费者并不在少数。

近 20 位在直播间购买过食品的消费者均表示，视频直播的现场性和互动性让他们更直

观地感受到了美食的诱惑，从而冲动下单。

除了直观优势外，价格低廉是直播带货的另一核心竞争力。"前所未有的活动价""今天为了回馈粉丝，不赚钱了"等几乎成为直播带货主播的惯用语。在强调高性价比的基础上，通过"限量低价""活动秒杀"等话术引导，诱导消费者下单。消费者被主播的热情所感染，担心不立即抢购就会错失机会。但大多数情况是，第二天直播间同一产品的价格依旧是"史上最低价"，依旧是"秒杀"。

近年来，直播带货行业如同一辆飞速奔驰的列车，驶上了快速发展的轨道。众多食品企业借助直播带货取得了显著的销售成绩，数据显示，消费者通过直播带货方式购买食品的比例高达 55.74%。

在巨大的市场红利和网络直播这种新型网络营销模式的推动下，个人经营食品的门槛降低，越来越多的人选择通过直播带货等渠道销售食品，小作坊贴牌产品、"三无"产品频繁出现，夸大虚假宣传、诱导消费、安全隐患等问题成为消费者投诉的焦点。

三无食品充斥市场，安全隐患不容忽视

在直播间，拥有 10 多万粉丝的主播手持镜头，展示工作人员现场烹饪的过程，还不时用筷子夹起食物品尝，让观众感受到食物的美味；在另一个售卖煎饼的直播间，工作人员忙碌地摊饼，主播指着煎饼不停地解说，"纯粗粮制作""不加一粒糖"，并饶有兴趣地将整块煎饼拎起来用手指反复揉捏，让观众感受饼皮"究竟有多软"。

如今，越来越多的预包装食品、散装食品、家庭作坊生产的食品涌入直播间，越来越多的主播选择走进生产车间，让食品的加工过程直接呈现在镜头下，以突出其新鲜感。

然而，在这些一边生产一边销售的商家中，有不少缺乏食品生产许可证，属于小作坊生产；有些商家在食品销售详情页面上未明确标示成分或配料表、净含量、保质期等信息；有些商家甚至直接用塑料饭盒打包销售。

不久前，许先生在某直播平台购买了一箱手工辣条，但到货后发现，手工辣条的包装极为简陋，仅经过塑封就打包寄出，生产日期、保质期、生产地址、生产厂家等信息一概没有。许先生咨询当地监管部门后得知，该产品为预包装食品，商家的包装方式违反了《中华人民共和国食品安全法》的相关规定，随后他选择投诉商家并要求赔偿。

《中华人民共和国食品安全法》规定，预包装食品的包装上应当有标签，标签应标明下列事项：名称、规格、净含量、生产日期；成分或者配料表；生产者的名称、地址、联系方式；保质期；产品标准代号；贮存条件；所使用的食品添加剂在国家标准中的通用名称；生产许可证编号等信息。

值得注意的是，即便有些走进直播间的商家拥有生产许可证，其销售的食品安全性也不容乐观。

阅读以上相关信息，思考以下问题：

① 三无食品存在哪些安全隐患？

② 应该如何避免购买直播间的三无食品？

知识与技能

一、热点话题

"热点"话题、现象或事件具有深远的影响力，能够激发社会舆论的共鸣，也会对政策的制定产生影响，并推动社会进步。

1. 热点的定义

热点是指当前社会中广泛讨论、密切关注的话题、现象或事件。热点通常会成为舆论关注的焦点，并拥有广泛的影响力。

2. 热点的特点

热点的特点主要包括关注度高、社会影响力显著、能持续引发公众共鸣、能对政策制定产生一定的影响和能推动社会发展。

3. 热点的重要性

热点之所以重要，是因为它有助于更加深入地理解当前社会的状况，更精确地把握当下社会现象的本质，帮助更好地预测未来的发展趋势。

4. 热点的影响力

有些热点不仅在政策制定过程中发挥着重要作用，在塑造舆论和政治影响力方面同样具有显著效应，还能推动社会进步，改善当前的社会状况。

5. 寻找热点的方法

（1）通过微博热搜发现热点 微博平台设有微博热搜榜单，该榜单反映了当前最受关注的搜索趋势。只有频繁被用户搜索的词条才能登上热搜榜单，因此它代表了公众当前最关心的话题。此外，可以浏览微博的热门分类标签，寻找专业领域相关的话题。另一个途径是观察热门微博，分析那些获得大量点赞、转发和评论的微博内容，激发创作灵感。

微博热门推荐

（2）通过百度热搜发现热点　百度热搜中不仅有实时的热点，还可以根据分类看到不同领域的热门话题等。

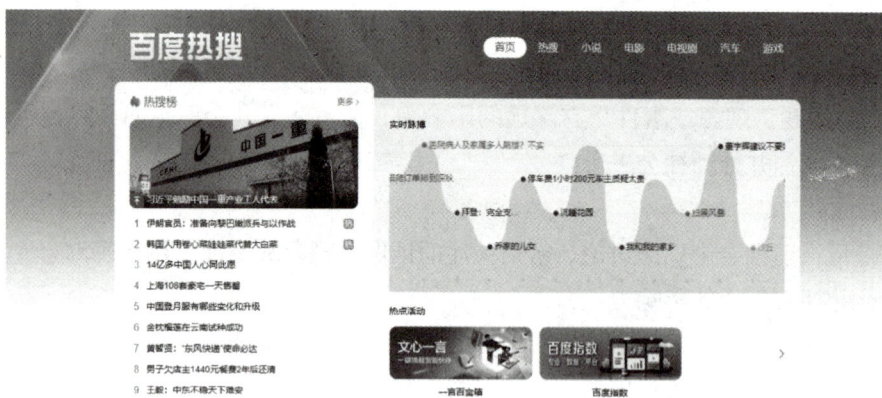

百度热搜

（3）通过专业的数据平台发现热点　例如，新榜、易撰、乐观数据、飞瓜数据等平台。此外，头条号中内置有热榜功能，它利用大数据来追踪和展示哪些事件受到了公众的广泛关注，哪些事件迅速攀升至热榜，以及哪些事件成为焦点。

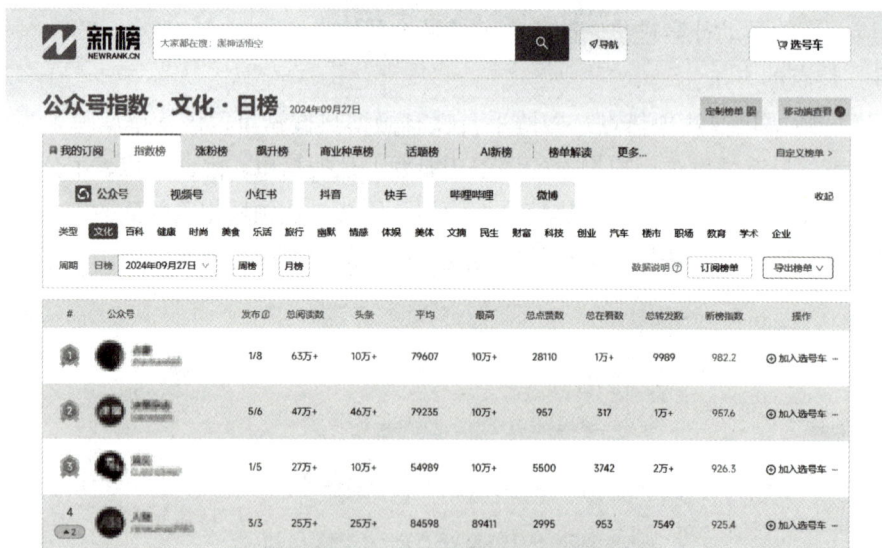

新榜平台热点热榜数据

（4）通过可预测的内容提前布局热点　例如，春节、中秋节、端午节及国庆节等节日，还有重大活动如奥运会、世界杯、电视金鹰节颁奖典礼、广交会，以及一些预先宣传的大型展览会等，这些活动都是可提前预见的，可以提前进行策划和内容选题的安排。在这些事件发生的当天，可以根据实际情况进行创作，从而确保能够迅速抓住热点，登上热门榜单。

（5）根据用户关心的内容，从用户角度来寻找热点　用户发布的评论、留言及私信等，均反映了他们关注的焦点。例如，后台频繁地接收到用户发来私信，其中询问的问题往往具有相似性。通过整理和归纳这些疑问，能够对这些问题进行统一的讲解和回复，进而创作出高质量的内容。

此外，浏览同领域领先账号的评论区也是一个发现热点话题的有效方法。因为这些账号拥有庞大的粉丝基础，所以他们提出的问题通常具有一定的集中性。

二、打造本地农产品品牌

1. 发掘与优化公共资源

1）产地资源：借助当地的地理优势和气候条件等自然资源，强调农产品的地域特色。

2）品类资源：挑选具有地方特色的农产品作为核心产品，通过提升品质和实施差异化营销策略，塑造独特的品牌优势。

2. 品牌定位与形象构建

1）明确品牌定位：依据目标市场和消费者需求，对农产品品牌进行精准定位，例如，高端、健康、绿色等。

2）形象设计：结合地域文化、产品特性等元素，打造具有高辨识度的品牌形象，涵盖品牌名称、标志、包装等。

3. 提升产品品质

1）引进优质品种：利用农业科技，引进或培育适合当地种植的优质品种，提高农产品的品质。

2）标准化生产：建立完善的农产品标准化生产体系，确保产品质量的稳定性。

4. 挖掘文化内涵

1）地方文化融合：将地方风俗习惯、消费者认知、饮食习惯等文化元素融入品牌建设，为农产品注入更丰富的文化内涵。

2）品牌故事传播：通过讲述农产品背后的故事，例如，种植历史、生产过程等，提高品牌的吸引力和消费者的认同感。

5. 建立品牌体系

探索并建立"公用品牌＋企业品牌＋产品品牌"的经营模式，形成品牌协同效应，增强整体市场竞争力。

工作页

任务单

1. 工作任务描述

我校与新会农村产业园、江门市供销社和电商协会合作，共同举办一场校内"乡村振兴大擂台"的竞赛活动。本次竞赛内容主要是推广新会特色农产品，从形象展示、直播场景、直播技巧、直播销售数据等方面进行评比，比赛时间为期 5 天，直播平台为抖音平台，选手需要直播 3 场，每场直播 2h。

直播场次及时间安排如下：

第一场：10 月 26 日 09：00-11：00；

第二场：10 月 26 日 14：00-16：00；

第三场：10 月 27 日 09：00-11：00。

2. 工作任务要求

过程要求	质量要求
新会农村电商直播创业团队从运营总监处领取任务后，以团队为单位参加"乡村振兴大擂台"竞赛，挖掘新会当地特色农产品，根据历史销售数据、直播观看量进行直播爆单选品。向运营总监汇报方案情况，做出策划方案；完成直播脚本编写、资源准备、场景布置、直播预告等，在直播间完成三场各 2h 的全流程名优产品直播销售；直播活动结束后，及时跟进售后问题，以及进行直播活动复盘，撰写分析报告上报运营总监。完整的直播流程要求在 10 个学时内完成	农产品直播需严格遵守《中华人民共和国电子商务法》《中华人民共和国广告法》《中华人民共和国产品质量法》《互联网直播服务管理规定》、平台活动规则及产业园的管理制度等

课前、课中和课后工作页请参考本书配套资源。

参考文献 REFERENCES

［1］戈旭皎.农产品直播卖货超级口才训练［M］.北京：人民邮电出版社，2020.

［2］史安静，高黎明，王艳芳.农产品短视频直播营销［M］.北京：中国农业科学技术出版社，2021.

［3］汪波.农产品直播带货宝典［M］.广州：广东经济出版社，2021.

［4］赵宁，董红，赵改娟.农产品电商成长课堂：从短视频引流到直播卖货全程指南［M］.北京：人民邮电出版社，2023.

［5］赵宁，商竞，赵改娟.农产品直播电商500问［M］.西安：陕西科学技术出版社，2023.

［6］史安静，王金英，廖晋楠，等.农产品电商助农实战手册［M］.北京：中国农业科学技术出版社，2022.

［7］徐茜.农产品直播销售从新手到高手［M］.北京：中国铁道出版社，2022.